NEW CLASSIC SERIES

きょうの祈り

F・B・マイアー 原著
小畑進 編著

いのちのことば社

主は　ご自分の羽であなたをおおい
あなたは　その翼の下に身を避ける。
主の真実は大盾　また砦。

——詩篇九一・四

はしがき

聖書日課『きょうの力』を、F・B・マイアーとのコンビで書きあげたのは、一九七〇年のことですから、早いもので、あれから七年の歳月が流れて、『きょうの力』も年々版を重ねているようです。それを今さら読み直しては、もう自分にはあの頃の気力はないな、と思うことでした。なにしろ、デボーショナルな書物を書くということは、知識の上に、霊的な洞察眼と体当たり的な飢え渇きがなければならず、まことにシンの疲れる作業だからです。だからこそ、やりがいもあるというわけなのですけれども。

ところが、再び編集子はマイアーの“*My Daily Prayer*”なる一本を持参して、このような祈りの本を、と言われます。〈聖書日課〉でさえ大変な苦心なのに、〈祈禱日課〉ときては、とてもと思いました。祈りというものは、ほんの寸禱ですら精魂こめて疲れるものです。それを公に三六六日分ときては考え込まざるをえません。

では、マイアーの本を訳すだけにしたら、と思いましたが、それがA六判六十四頁の、まことに簡単きわまるもので、なにしろ一日分が三、四行から多くて七、八行のゆえか、いささか紋切り型の祈禱文なのです。

そこで、一日分を記す前に、マイアーの祈りを読んで霊魂をととのえさせていただき、しかるのち自由に祈り心の翼をのべて、原稿用紙一枚ずつにまとめてみることにしました。もっとも、その霊想禱想がどこまで持つものか自信がなく、途中で尽きてしまったら筆を折ることにして、ともかくとりかかってみました。

その際、模範として頭にあったのは、旧約聖書の『詩篇』と、アウグスチヌスの『告白』でした。一方の『詩篇』は聖詩人たちの神の想いの発露であり、質実敬虔な霊魂の息吹ですし、他方の『告白』は、全巻これ祈りと言ってもよい巨人の聖想です。やせこけた祈りでなく、たっぷりと霊想のこもった内実のある祈りを、と志したわけです。

さて、覚悟のこととはいえ、文字通りの寸暇を見つけては、骨身を涸《か》らす作業の日々となりましたが、日頃胸中にわだかまっていた思い、すなわち神学研究において祈禱論がほとんど不毛に近いことへの無念と、現実になされている祈りの内容やことばの貧弱さに対する残念とが、心と筆を最後まで動かしてくれました。

それに、執筆途中で参加した信徒のお宅の家庭礼拝や修養会の個人祈禱の心もとない有様を見たのも、このようなときに祈りを導く格好な本があったなら、それも観念的・高踏的なものでなく、身近な生活感に密着した本があったなら、どんなに有益なことであろうか、と拍車をかけてくれました。

およそ三か月、季節感覚を織り込みながら一年分を仕上げてみると、読者のみなさんが、とかく多忙な朝はこの『きょうの祈り』を一読して、付した聖句を口ずさみ、そのあと個人なり家人なりが祈って、朝のデボーションを守る。そして夜は『きょうの力』で、じっくりと聖書を味わっていただけたら、などと考えたりしています。

顧みれば、三十年前の祈禱会の席上で救われたわが身が、祈りの本にたずさわりえたという不思議な恵みに震えるとともに、いっそう祈りの人となれ、との主のおさそいでもあることを覚えて、この一巻の書の上に主の祝福を祈る次第です。

なお、マイアーの邦訳があるのを知ったのは、作業も九分九厘終わりかけていた頃でした。辻村三郎訳『我が日毎の祈禱』(昭和十年・新生堂刊)です。念のため付記させていただきます。終わりに、病み上がりの身ながら、夜遅くまで浄書に尽くしてくれた荊妻《けいさい》に感謝して。

一九七七年九月二十六日

小畑　進

改訂新版まえがき

祈禱日課『きょうの祈り』が一九七七年の初版以来、十をこえる版を重ねていると聞いて驚いています。

なによりも一日分が短い。一気読みの調子・季節感で彩られている・軽くて携帯に便利・また一日一ページずつ読んでいくと、その厚さで今年もここまで来たか、とカレンダーがわりになる、といったこともあるようです。

内容としては、さきの「はしがき」にも書きましたが、旧約聖書の『詩篇』とアウグスチヌスの『告白』の質実剛健な霊想をこころとし、しかも身近な暮らしに密着するため、祈り手の足もとからの発信を、と期しました。

顧みれば、祈禱会の席上で信仰告白を与えられた者をして、このような祈りの本にたずさわれた導きに畏れを抱いています。このたびの改版にあたって、あらためて、その感を深くしています。

なお、新改訳聖書第三版[注1]とあわせるため、引用聖句や言いまわしについて、いのちのことば社の小玉展子姉にお世話になりました。また、裏表紙写真は、高松東教会の多田義明長老の四国風景作品をもちいさせていただきました。[注2] あわせて感謝いたします。

二〇〇五年一月十九日

喜寿野老

小畑　進

＊注１・本書では聖書は『聖書 新改訳２０１７』を使用し、一部『聖書 新改訳』〈第三版〉を使用しています。
＊注２・本書では使用しておりません。

1月

1月1日

主はあなたを　行くにも帰るにも／今よりとこしえまでも守られる。（詩篇一二一・八）

いつくしみ深い主よ。

行く手もかすむこの年の門出にあたって、ささやかな私の山路・潮路の朝夕を、あなたがともに進んでくださるよう祈ります。

はたして、この一年の明け暮れに何事が起こるかは、私の知るところではありません。耳を澄ませば、楽しい歌声が聞こえてくるようでもあれば、遠雷のとどろきも感じられます。けれども、それが何であれ、心安らかにわが身をおゆだねし、わが道をおまかせしてまいります。

それも、私一身にとって最良の一年である以上に、あなたのご栄光に最善の一年となりえますように。

そして、道中の折々、あなたにあるわが身の幸に、「わが主よ、わが神よ」と呼ばわる時のいくたびとなく恵まれますように。

1月2日

わたしが来たのは、羊たちがいのちを得るため、それも豊かに得るためです。（ヨハネ一〇・一〇）

良き牧者であられる主イエスさま。

〝宝の持ち腐れ〟ということがあります。私は、せっかくいただいた永遠のいのちを忘れて、目の先三寸のことで追われては、風にはためく炎のように、危なかしく、いらだって日を過ごしてしまいます。

一日には一日の計画を、一年には一年の計を立てるとともに、永遠の計略を大きく立てて、天国人らしく生きるよう、狭くなりがちな私の心を開いてください。

それも、ただ生きるという以上に、次の世界へ小手をかざし、希望のまなざしをあげて、はるかな、豊かな、いのちを生きる者とならせてくださいますように。

1月3日

新しいぶどう酒は新しい皮袋に……。（マルコ二・二二）

主なる神さま。私の心の巣を揺すってください。私は、腐れ古巣に、いつまでも眠りこけようとします。また、私の心の皮袋を揺すってください。よどんだ水を後生大事にして、皮袋そのものもだめにしてしまいます。

古い巣は、どんなに居心地がよくても、さっぱりと捨て、皮袋の中の濁り水は、どんなに残念でも一滴残らず捨てなければなりません。そうでないと、私自身が破滅してしまうからです。

心の座は、いつも新鮮でなくてはなりません。昨日の心の座では、日々に新しいあなたとお会いすることができません。あなたが新しいように、私も日々新しくなければ。また、心の中味もいきいきとしていなくてはなりません。せっかく新調した座布団の上に、悪臭を放つ心が座ることは無念なことです。今日、ただ今、その新しさをお恵みください。

1月4日

私にあなたの仰せの道を踏み行かせてください。（詩篇一一九・三五）

天にまします父よ。

私を正しい方向にお守りください。北斗七星は北極星のまわりを回って狂いなく、太陽は必ず西に沈み、川はせいせいと海を目ざし、風すらも、あなたのご指示によって、巡り巡っては帰るべき所に帰ります。

それなのに、私の羅針盤は、自らの欲心の邪魔や世間の誘惑によって狂いだし、あらぬ方向を指し出します。どうか、私が沈着に天の港を目ざす航路を確認し、冷静にみことばの誘導灯を一つ一つ確認していけますように。

それでも舵《かじ》をとりそこなおうとする時は、どうぞ私の手の上から舵をとってくださいますように。

1月5日

あなたがたは旅人、寄留者なのです……。（Ｉペテロ二・一一）

インマヌエルの主よ。地上では旅人という自覚を絶えず銘記させてください。アブラハムは自分の国に住みながら、天幕生活で過ごしました（ヘブル一一・九）。決して本建築の家を建てようとしなかったということです。彼にとって地上は、通過すべき地、旅路であり、彼が永住すべき家は、天の都でしかなかったからでした。壮烈な旅人性の自覚です。

旅人の特徴は、行き着いた所に住み込まないことです。落ち着かないことです。毎日前進することです。今日は昨日いた所よりも進み、明日は今日の所を後にすることです。小成に安んじないことです。いつも前進していくことです。

また旅人は、軽装であることです。必要なものだけを身につけていくことです。身ごしらえの簡略ということです。今日も、旅人として、しっかり草鞋《わらじ》のひもを結び、信仰の杖一本で出ていきます。あなたを無二の道づれとして。

1月6日

だれが、私たちをキリストの愛から引き離すのですか。（ローマ八・三五）

主なる神さま。〝灯台下暗し《とうだいもとくら》〟ということがありますが、私も偉大な光明の下にあって、それに気づかず、愚かなことを演じます。声を出せば、ただちに答えてくださるあなたをおいて、地面に掘った穴に叫ぶようなことをしてしまいます。

それこそ、最も近く、それも四六時中ともにいたもうあなたの息吹まで感じて、主が私とともにおられることの楽しみと豊かさを味わうことができますように。

あのパウロとシラスのように、異郷の獄中に足かせをかけられ、放り出されても、賛美の声をあげて大地をふるわせたしあわせを、私も満喫できますように。そして、死も、いのちも、御使いも、支配者たちも、今あるものも、後に来るものも、力あるものも、高いところにあるものも、深いところにあるものも、そのほかのどんな被造物も、私の主キリスト・イエスにある神の愛から、私を引き離すことはできない（ローマ八・三八―三九）、と宣言する志を掲げさせてください。

1月7日

自分の十字架を負って、わたしに従って来なさい。（マルコ八・三四）

聖なる神さま。

私は今日も十字架を背負っています。それは御心にのっとって生きている時は軽くて、感覚もないくらいですが、ひとたび難関にぶつかって御心からそれようとする時は、なんと重くのしかかってくることでしょう。

この背中にした十字架は、私の晴雨計です、気圧計です。この十字架があって、私は霊的状態をはかることができます。ハッと気づかされます。

どうぞ、この十字架を、私がただ忍んでいくというのでなく、愛していく者でありますように。

私が今日まで、こうして歩んでくることができたのは、この十字架あってのことだと覚えて、それをいつくしむ者でありますように。私がこの十字架を運んだのではなくて、実はこの十字架が私を運んできてくれたのだと、感謝する者でありますように。

1月8日

私たちの国籍は天にあります。（ピリピ三・二〇）

天にまします神よ。私はあなたのいと高き御座からすれば、なんと低い地に存在することでしょう。また、あなたの聖なる御国からするとき、私はなんと汚れた世にあることでしょう。しかし、私の国籍は天にあります。私は光の子です。その栄えある身分をこの世にあって、現したく願います。

私がなにがしという家の者であり、なになにという会社や学校の者であるという自覚は、私を悪から守ってくれますが、時にそれが無力なことを痛感します。けれども、私が世にありながら、実は天国人であり、地にありながら、神の子の一人であるという誇りは、なんと力強く、私の志を高め、私の足を正しく導いてくれることでしょう。今日も、自分にそのことを言い聞かせて、出《い》で行かせてください。

1月9日

わたしは手のひらにあなたを刻んだ。（イザヤ四九・一六）

天の御父よ。時として、私はあなたが私の御父であられることを見失って、金切り声をあげ、泣き叫んでいます。わずかな不幸や災害、悪い知らせに、まるで拷問者か殺人者の手中にあるかのように恐れます。

大いなる摂理の中に一切がおさめられているのだという信仰を、どうして簡単に置き忘れてしまうのでしょう。一切は、快も不快も、幸も不幸も、喜びも悲しみも、みなあなたのご存じのところであり、あなたの許したもうところであると、しっかり踏みとどまって、乱心しないようありたいと思います。

日夜、あなたを天の御父よ、と呼ぶのも、上の空でなく、真実あなたは私の慈父であられるのだと、自分に言い聞かさせてください。たとえ、あなたが拳骨を振り上げて来られても、にっこり微笑んでこれをお迎えするほどの者でありますように。

1月10日

私は地では旅人です。（詩篇一一九・一九）

真の羊飼いにましまます神さま。

私は〝旅人〟ということばが好きです。もとより、旅に難儀はつきものであり、危険もつきものです。

しかし、旅にははっきりとした目的があります。その目的地を目ざして進む期待と緊張が好きです。一歩一歩近づいていく手ごたえ、行き着いた時の歓喜、親しい者と出会える期待――それらは旅人の希望です。力です。

旅人には、方向があります。旅人には進んでいく姿勢があります。旅人には身軽な身のこなしがあります。そして、旅人には夢があります。

かつての私には、橋の下で寝起きしては自堕落に終わる停滞した日々がありました。しかし今は、朝ごとに旅立つ颯爽《さっそう》とした姿があります。主よ、今日もあなたにお会いする旅路に立ちます。日々に新たなこの緊張と期待に奮い立つ私です。

1月11日

主よ、私たちはだれのところに行けるでしょうか。（ヨハネ六・六八）

いつくしみ深い神よ。私はあなたに帰ります。時として、私は知らないうちに、あれやこれやと、あなた以外の人や物を捜しています。そして、こっちよりもあっちのほうが、と算段しては、すっかりあなたを忘れてしまっています。なさけないことです。

けれどもやがて、そうした人や物が時には突如として、時には徐々に立ち消えていくと、そこにやさしく手を広げて立っておられる救い主を目のあたりにして、「主よ、主よ、あなただけです」と、そのお膝にしがみつきます。

主よ、私はなんとも、愚かで落ちつかず、右往左往して見苦しい者です。しかし、そんな私だとご存じのうえで、御手を広げて、ここだよ、ここだけだよ、とお迎えくださるあなたのやさしさがたまりません。主よ、おゆるしください。しっかりと私を抱いてください。

1月12日

御霊によって……。（ガラテヤ五・二五）

御霊なる神よ。

あなたは御父が計画し、御子が成し遂げたもうた救いを、直接お届けくださる身近な神です。いや、届けたらすぐ帰ってしまう配達屋さんとは異なって、私の家に住み込んでくださいます。住み込んで、私の霊の家を、その救いにふさわしく造り変え、生き返らせてくださいます。私の霊の園に、愛、喜び、平安、寛容、親切、善意、誠実、柔和、自制といった、まるで宝石のような果実まで実らせてくださいます。

そして、私の曇った目を開けて、広大な天の風景を仰がせ、新しくなった私自身の姿を認めさせてくださいます。私がふさぐ時には、やさしく寄り添って慰めてくださるかと思えば、私が臆《おく》する時には激しく迫って押し出してくださいます。

今日も、あなたが、私の霊の家で忙しく働かれることを期待いたします。

1月13日

イエスが湖の上を歩いて舟に近づいて来られる……。（ヨハネ六・一九）

ご慈愛深いイエスさま。ときどき、あなたが天に昇られたことを、寂しく、心もとなく思います。天の御父の右に座しておられても、なお地上のことをご覧になっているとは信じますけれども、何となく不安に思うことがあります。

ことに、難題を課されて難渋のさなかに落ち続けるとき、はたして、私がだめになってしまう前に助けに来てくださるだろうか、と案じます。

けれども、あの湖上で生きた心地もない弟子たちのところへ、風を払い、波頭を踏みわけて駆けつけられた、あなたの熱心と御力を頼みます。

たとえ、私が自分の人生をあなたのおられる岸に漕ぎつけることができなくても、あなたのほうで駆けつけて来てくださるゆえに、私は絶望いたしません。今日も、いつでも出動可能な姿勢で、私の行く手を見守っていてくださるあなたを思って、心強く人生を漕ぎ進めます。

1月14日

明かりをともして……燭台の上に……。（マタイ五・一五）

正義の源なる主よ。昔も今も、世はさかさまで、矛盾に満ちています。悪人が横行して、善人は微行します。義人が埋もれて、こびへつらう人が羽ばたきます。賢者は知られず、愚者が名を売ります。石が流れて、木の葉が沈む世です。冠のような人が下にあり、草履《ぞうり》のような者が上にいる有様です。

けれども、そのいかさまが私自身の中にも見られませんように。明かりがあるべき燭台の上にともっていますように。明かりが寝台の下や枡《ます》の下に置かれているようなことのありませんように。冠を下足にし、草履を頭上にいただくことなどのありませんように。

今日も、信仰のともしびをともして心の燭台に立て、みことばの鏡に照らして、救いの冠をまっすぐにかぶります。たとえ私の生活の足は地上にあっても、私の霊の頭は天界に呼吸する者であらせてください。

1月15日

不敬虔な者たちのために死んでくださいました。（ローマ五・六）

聖なる御父よ。たとえ、イエスがキリストであり、真に人となられた神だと知ったからといって、人はすぐさまこれを信ずるというものではありません。いや、人の中には、キリスト降誕と聞けば、ただちにベツレヘムに兵をさし向けるヘロデが住んでいます。

イエスがキリストなら、イエスが神なら、むしろこれを殺害してしまわなければならないという衝動に駆られるのです。神が神であれば、むしろこれを退治しようとする敵対者なのです。それが堕罪以後の人の本性なのです。

けれども、そんな牙《きば》をむき、剣をかざす敵のために、いのちをささげて惜しまないお方、振り上げた剣の下で、喜んで身代わりの死を遂げる贖い主の御愛。その前には鬼のような者も、わななかざるをえないのです。かくて私も、あなたに降参しました。恐るべきあなたの愛に打たれて。

1月16日

だれが私たちに敵対できるでしょう。（ローマ八・三一）

力の源にましますす神よ。

私は内に外に戦いを覚えます。内にはなお残存している、古い自分との戦いです。執拗《しつよう》なゲリラ戦です。その数は少なくとも、一発の狙撃で、私の肝心な霊魂を射抜く、容易ならぬ敵です。そのかけ声は、「だれだってやっているではないか」「これくらいならよかろう」「今度だけだから」というようなものです。一方、外からの敵は、「お前みたいな者が」「いい加減にしておけ」「いつまで続ける気か」と四方八方から指さして、公然とあざけります。そして時には、内外の攻めことばが合わさって、耳を聾《ろう》します。

どうか、そんなとき、だれが何と言おうと、救いの約束は真実だと言い返し、その約束のみことばの剣をもって、敵に斬り込んでいかせてください。

1月17日

今、私たちは鏡にぼんやり映るものを見ていますが……。（Ⅰコリント一三・一二）

真理の主よ。私にとってなぞとなっていることがあります。それが私を引き止め、私を大きくつまずかせようとします。

どうか、私に慎みの心を、あなたをおそれる心を、賜りますように。今、私にとってなぞとなっていることは、すでに他の人によって解決されているかもしれません。あるいは、いつか、もっと優秀な人によって解明されるかもしれません。そのことを思って、決してたたきつけることなどありませんように。

いや、いつかは私自身が、より十分な光を得て、それを明らかにできることを期待させてください。あなたの知恵は広大深遠なのです。今の自分の貧弱な論議によってあなたに突きかかるような、おのれ知らずのまねをすることのありませんように。おそらく世にあるかぎり、私たち人間にはわからないことがあり続けるはずです。何よりも、あなたをおそれるという第一の知恵に富ませてください。

1月18日

天の御国でアブラハム、イサク、ヤコブと一緒に食卓に着きます。（マタイ八・一一）

贖い主イエスさま。あなたは最後の晩餐《ばんさん》の席上で、訣別《けつべつ》のパンをとり、杯をまわして、一人一人まな弟子の顔を見守りながら、「父の御国であなたがたと新しく飲むその日まで、わたしがぶどうの実からできた物を飲むことは決してありません」（マタイ二六・二九）と言われました。

その時、あなたのまぶたには、天国での饗宴の光景が映されていたのでしょう。あの十字架上で、麻薬を混ぜたぶどう酒が差し出されても、それをお飲みになりませんでした。その時も、天国での喜びの盛宴の光景を思われていたのでしょう。

あの悲しみの中、激痛の中、あまつさえ死のただ中にあって、すでに永遠の宴を思い描かれる！一見、惨敗と思われたときに、あなたはゆうゆうと勝っておられたのです。あなたの道は確固として開け放たれていたのです。私も、このまぶたに、御国の宴にはべる自分の姿を思い描かせていただきます。

1月19日

私は出て行くときは満ち足りていましたが……。（ルツ一・二一）

天にまします神さま。私の目に最善と映ることが、実は最悪であるかもしれません。これこそ最上の策だとしておこなったことが、取り返しのつかない結果となって一敗地《いっぱい》にまみれることがあります。

人が止まる時、本当は進むべきであり、逆に人が動く時、本当は止まるべきことがあります。それも、私の場合、後者のほうが多いように思われます。

あのナオミ一家は、ききんが起こったので、川を渡り、峠を越えてモアブの地に移りました。それは賢明のように見えました。しかしその結果は、無理がたたって、夫と二人の息子が早世するという不幸となったのでした。

ヨナも、タルシシュ行きの船がつながれているのを見、これこそ導きとばかりに飛び乗って、大失態を演じたのでした。主よ、進むべきか、退くべきか、あなたの道を選び取る敬虔無私な霊を、いつも私にお与えくださいますように。

1月20日

鷲のように、翼を広げて上る……。（イザヤ四〇・三一）

全能の神さま。上昇の力を、いつもお恵みください。飛翔の力を常にお与えください。私の霊魂は意外に重く、時に鉄のごとく、時に鉛のごとく、時に岩石のように、下にへばりつき、さては沈み込もうとします。せいぜい飛び上がっても、地表をうろつきまわって、あえぐだけという時があります。

私の飛ぶ力が弱まり、落ちようとする時、あなたの力強い御腕をもって、お引き上げください。そして、私の翼の中に、積もりに積もったちり、ほこりを払い落とし、染み込んでいる重苦しい露をぬぐい取って、もとのように羽ばたかせてください。

霧やもやでふさがれた谷間の暗やみから抜け出た、天上の輝く世界に飛びかう喜びに、私の低迷する意識をよみがえらせ、羽ばたかせてください。

1月21日

時は短くなっています。（Ⅰコリント七・二九）

永遠の御父よ。

寒さの中にも、近づく春の足音はしのび寄っています。ふと見あげる木の芽は、堅い皮の下で、その生命の展開の時に備えて力を蓄電しています。畑の麦は、寒風の中にも結実の時を目がけて、雄々しく背筋を立てて天を指しています。

それらの風景の中にも、刻々と近づく春の足音が聞こえているはずです。いや、さらに目を澄ませば、もう一つの時が近づいているのを見ることができます。キリストにある者たちが開花する日、教会の結実する日が。

そして、耳をそばだてれば、時刻の音の中に近づき来たる、あるお方の足音も聞こえているはずです。街角で信号を待つ間、また雑踏の中を歩いている最中、ふと主の近きを覚えて手を合わすことがあります。

主よ、いつも、絶えせず、私を目ざめさせてください。

1月22日

もし右の目があなたをつまずかせるなら……。（マタイ五・二九）

　聖なる神よ。私には隙があります。隙だらけです。身に着けた武具も、かたよったり、破れたり、第一、着け忘れたりして、その隙を悪魔に突かれます。

最も危ないのは、金銭面と情欲面の隙です。あのイスカリオテのユダにしても、彼が後で「私は罪を犯した。罪のない人の血を売ったりして」と後悔して果てたように、ほんのふとした隙から悪魔に霊魂をつかまれてしまったのでしょう。

　それに対して、情欲の面で、あのヨセフが示した堅固な節操ぶりが私の模範です。兄弟の手で異国に売られた身の上の彼にとって、主人の妻の秋波は、どんなに強力な誘惑だったことでしょうか。〝毒を食《くら》わば皿まで〟と、今度はそれこそ自分で自分を売り飛ばしてしまおう、という思いもかすめたでしょう。

　主よ、私にもそんな思いがあります。どうぞ、そういう時には必ずあなたの御名を、そして「どうして神の前で罪を犯しえようか」と大声で叫ばせてください。

1月23日

天の御座に着いておられる方は笑い……。（詩篇二・四）

万物の主権者にましますす神よ。この「天の御座に着いておられる方は笑う」という詩句は印象的です。人間たちのむなしい策略や賢ぶった計略に対するあなたの奥深い笑い声が聞こえてきます。

神なき国をこねあげようとする権力者らの金切り声、神に逆らう思想をひねり出そうとする博士らの苦心、神を汚す小説をあてようとする作家らの野心、神に反する政策を強行しようとする党派の野合。——それらで満ち満ちている世界、地上。

しかし、天に座する方は笑いたもう、とは凄《すご》さも凄しです。積木の家は、天から振り下ろされる鉄の杖の一撃で、ひとたまりもなく砕け飛ぶのです。

「君主たちを無に帰し、地をさばく者たちを空しいものとされる。彼らが、……いよいよ地に根を張ろうとするとき、……藁《わら》のように散らす」（イザヤ四〇・二三—二四）。このあなたをおそれ、あなたに祈る私は最も賢い者です。

1月24日

取税人たちや罪人たちと一緒に食事をするのですか。（マタイ九・一一）

いつくしみ深いイエスさま。私が告白を渋った理由の一つは、栄えあるキリスト教の名を汚すのではないかという恐れでした。

そして、今は今で、私のような者が、キリスト教会に籍を置き、出入りしていることは、教会の良き聞こえにどろを塗っているのではないかという声が、私の心の内で高鳴っています。

けれども、あなたは、紳士淑女を敵にまわしてでも、またご自身がどんな悪評を招こうとも、いっさいかまわず、取税人や遊女をご自身のものとされました。そして、世の顰蹙《ひんしゅく》を買う者たちを擁護して、「取税人や遊女たちのほうがあなたがたよりも先に神の国に入っている」と宣言されました！

恐縮しながら、私はやはりキリスト者であらせていただき、教会に連ならせていただき、その御愛に浴させていただきとうございます。

1月25日

あなたがたには、明日のことは分かりません。（ヤコブ四・一四）

主なる神さま。私のいのちは、現れては消えてしまう霧のようなものです。この心臓の鼓動が、いつ止まるかわかりません。どこから私のいのちを奪う物が飛んで来るかわかりません。

先人は、今夜召されても、手袋一つ取り散らしていないと感じながら床に入ることを好む、と語りました。また、旅客が、旅装を整えて駅におもむき、プラット・ホームに立ち、切符を手にして列車の到着を待っているように、一切合財の用意を整えて、天使が迎えに来るのを待っている、と言いました。

私の毎日はまことに忙しく、時とすると息もつまるほどです。左右を向くこともかなわないほどです。けれども、その日その日のことだけで終わってしまいませんよう。いつ来るかは知れない、そして、いつかは必ず来るその時、心涼しく召される用意を怠らぬ私であらせてください。

1月26日

罪にとどまるべきでしょうか。（ローマ六・一）

聖なる主よ。

私が罪ある生活を何とも思わず、地上にあるかぎりは罪を犯さざるをえないのだと軽々しく口走って、おのれの低い有様を肯定するような、垢《あか》じみた根性の人間となってしまいませんように。いかにも恵みによる救いを実践しているかのように見えて、その実、恵みを罪のたたき台に変えている者は、決して少なくないのです。人をますます罪咎にまみれさせるものは、決して聖なる神の恵みではありません。

恵み、ゆるし、あわれみを高唱して、おのれの審判を踏み固めていく者であったとしたら恐ろしいことです。

くれぐれも、私はどうせ救われた罪人なのさ、というような不潔なことばを吐き散らして、俗《ぞく》臭芬芬《しゅうふんぷん》たる世なれた化け物となりませんように。

1月27日

多くの苦しみを経なければ……。（使徒一四・二二）

万軍の主よ。あなたは、常に働き、いつも事をなし、絶えず戦いに先駆けて、休むことのないお方です。だからこそ、私の救いは保たれているのです。

それなのに、その弟子とされ、その戦士として召され、ましてやその子とされていながら、私はあなたとは似ても似つかない不肖の者です。〝長袖に高枕〟と決め込んで何も苦労せず、主よ、まだなのですか、御国を早く、永遠の光栄はどうしたのですかと、うそぶきます。

そんなことだからこそ、主との一体感が欠け、乾いた海綿のように充実感がないのです。ただちに神の王国が成るものと思って、懐手《ふところで》していた使徒たちは、「地の果てにまで、わたしの証人となります」と宣言されてびっくりし、初めて主とともに戦い労する歴史的な使命に開眼させられました。〝濡れ手で粟《あわ》〟ではない、主とともに戦い抜く剛健な喜びをわがものとなしえますように。

1月28日

わが愛する者よ。（雅歌一・一五）

私を愛したもう神さま。あなたが私を愛しておられるということを、私はどれほど考えているでしょうか。愛する者は、愛する相手の一挙手一投足にどれほど意を払い、その一嚬一笑《いっぴんいっしょう》に微妙に傷つくものです。

激しく愛すれば愛するほど、相手が自分のほうをいつでも向いており、自分を常に思っていてくれることを要求します。相手がほんの少しでも、かたわらから離れて他の人のところに行っても、心は絞られるようにもだえます。

それなのに、あなたの存在すら忘れて過ごす時のなんと多く、あなたがおられなくても、さしたる問題ではないかのように振舞う私。あなたに向かって、何かと言うとすぐくちびるをとがらせ、あなたの御前であなた以外のものに頼ろうとする私。なんというつれなさでしょう。あなたに愛されているということの意味を、もっと実感させてください。

1月29日

抜けめなくやったのをほめた。（ルカ一六・八〔第三版〕）

イエスさま。〝転んでもただでは起きぬ〟とは、したたか者、一筋縄《ひとすじなわ》では行かない者のことです。しかし、あなたは、あえて世知に訴えて、そのしたたか者になれ、とおっしゃいます。もとより、その抜け目のなさが、聖なる抜け目のなさとなっていることは、一驚なのですが。

結構、私も、世間的にはしたたかなくせに、恵みのこととなると、なんと鷹揚《おうよう》なことでしょうか。世の事ではなかなか抜け目がないのに、恵みをふやし、大きくし、活用し、蓄えることとなると、まるで悠長《ゆうちょう》ではありませんか。

本気で恵みを欲し、本気で祝福を獲得しようとしているのなら、もっと顔色も変わらなければならないはずなのに。霊の世界での聖なる貪欲を心がけさせてください。

1月30日

アーメン。〈黙示録二二・二一〔第三版〕〉

主なる神さま。私の一生という文章も、読点・句点・疑問符・感嘆符でつづられていきます。読点のところでは、この先どうなっていくのかわからず、はたして肯定されるのだろうか、それとも否定されるのだろうか、ととまどいます。

けれども、やがて句点が打たれてみて、なるほどと納得します。あれこれの条件文がつけられ、反転し、紆余曲折《うよきょくせつ》しても、その一文が完結してみると理解できます。

そして、私の生涯には、数多くの疑問符が数えられます。時には、一頁全部が疑問符の連続のような暗い時もあります。けれども、頁をめくって次の頁を見れば、感嘆符の歓声で満ちるのです。

しがない、短い私の一生にも、緩急・起伏があって、これからもこのようにつづられていきます。そして、その最後の巻末には、新約聖書の最後のように「アーメン」の一言で終わりますように。

1月31日

いつも主のわざに励みなさい。（Ⅰコリント一五・五八）

わが主よ。初めの月も終わりです。はや私は、一つの一里塚に達しました。今日までの旅路の歌が、あれこれと楽しく私の背後にこだましています。

私は杖を止めて、今日までの黙々として着実なあなたのお導きとお守りを感謝します。そして、この日々のために、あなたが払ってくださった犠牲とご配慮がいかに莫大なものであったかを思うと、ひざまずいて礼拝するばかりです。

どうか、この恵みが何のための恵みであるかを私がわきまえることができますように。そして、それらが、あなたの貴く美しい御心が実現されるための恵みであることを思えば、私の知っているかぎりの御心を果たすという快事に、一層精進する、楽しく有意義なわが旅路であることを感謝してやみません。

2月

2月1日

神が私たちとともにおられる……。（マタイ一・二三）

神の御独り子よ。

私は、あなたのインマヌエルの御名に、より頼みます。私はあなたを求めて天を駆けのぼる必要はなく、地にもぐる必要も、海を越える必要もありません。霊の眼《まなこ》を開けさえすれば、今も、ここに、私のかたわらで歩みをともにしていてくださる、あなたのお姿を見るはずだからです。とかく自分自身で目をつぶっては、あなたを見失い、あなたはもう死にうせてしまったのではないかと思い込み、望みを失い、うろたえては、天使に「なぜ生きている方を死人の中で捜すのですか」と戒められるものです。

主よ、私を、御子がよみがえられたあとの空っぽの墓穴のようにでなく、よみがえりの主をお迎えしたエマオの家のようにしてください。

2月2日

主の主であられる方に感謝せよ。（詩篇一三六・三）

天の父よ。

感謝しても感謝しても、感謝しきれないのが、あなたのご好意です。私が味わっているだけでもそのとおりなのですから、まして、私が不明にも気づいていないお恵みのほどを思えば、まさに感謝のことばもないでしょう。

生半可な考えで、深いご摂理に口をとがらしたり、あさはかな思いでご支配を云々《うんぬん》することの絶対にありませんよう。

何であれ、私の一身に起きることは、ひとえに私をいのちがけで愛したもうお方の御心に通じており、反省と奮起と飛躍をうながすものであることを信じて、いつも感謝の花束を用意していることができますように。

たとえ一時は、額を曇らすことがあっても、最後は必ずや感謝の声をあげて、しゅろを打ち振る者でありますよう。

2月3日

天の御国は畑に隠された宝のようなものです。（マタイ一三・四四）

神よ。キラキラ輝くものが、すべて金銀であるとは限りません。同時に、今くすぶっているからといって、それが瓦礫《がれき》であるとは限りません。むしろ、天の御国は畑に隠された宝のようなものであるのです。

案外、はでに振舞い、名を売る者が、実はとんでもない偽り者であることが多く、いざという時には影も形も見えないのに反して、日頃隠れていながら夕暮れの中に立ち現れて捨て身で敢闘する者もいます。

アリマタヤのヨセフやニコデモのような者です。主の十字架は金銀をどろ土に変える代わりに、瓦礫を宝玉に変えるのでした。主の感化は懦夫《だふ》を勇者に変え、匹夫《ひっぷ》を大丈夫《だいじょうふ》に変える力を有していたのです。

今日の教会でも、このような奇跡が起こります。その時、真に勇士として立つのはだれか。その一人でありたいと私も願います。

2月4日

私たちを試みにあわせないで、／悪からお救いください。（マタイ六・一三）

全知の御父よ。

あなたは、私にとって何が最善であるかをご存じであられます。そして、私は、かえって自分にとって毒であるものに誘われる性質をもっています。毒草がひときわ美しく魅力的なのに引かれるのです。それはいけない、と制せられるあなたの御手を払いのけてでも、首を突っ込みだすのです。

主よ、あなたは賢明な父として、子らには何が最善であるかを知りたもうお方です。どうか、私がわきまえのない幼児のように振舞う時には、私をおしかりください。

お声だけで聞き従わない場合は、容赦なく打ち懲らしめてください。災難をもって、あるいは病をもって、あるいは失敗をもって、私が破滅しきってしまわないように引き上げてください。

2月5日

あなたは初めの愛から離れてしまった。（黙示録二・四）

霊にまします神さま。私は、私の宗教が単なる伝統や習慣と化してしまうことを恐れます。毎朝毎夕の聖書朗読と祈禱、食前食後の祈り、聖日や週の半ばの集会出席、さては定期的なご奉仕が、単なる習性となってしまうことを残念に思います。

たとえ、度を重ねて、それらが巧みになり、立派になり、事が円滑に運ばれるとしても、その内にいのちがなかったとしたら、あなたと隣人への愛が欠けてしまっているとしたら、御前には何の値打ちもなく、何の役にも立たないことを教えられているからです。

舌はしぶきを立てる水車のように回って祈りを連発し、腕はうなりをあげる風車のように回転して奉仕に励んだとしても、その胸を開けてみたら、冷たく固いコンクリートがゴトリと転げ出る、などといった恐ろしい光景となりませんように。いきいきとした愛の心を、霊とまことの宗教を、いま私にお与えください。

2月6日

つまずきが起こるのは避けられません……。（マタイ一八・七）

主なる神さま。私は、クリスチャンになっても、あれこれ適当にやれば、万事都合よくいくだろうと、たかをくくっていたところがありました。何事もうまく世渡りをしていけばと、算段したこともありました。

けれども、それがいかに甘い思いつきであるかが、やがてわかりました。最初にやってきた困難の激しさは、緩んだ私の霊魂にとって大変な衝撃でした。そして、よい目覚ましでした。

何回目かからは、キリスト・イエスにあって敬虔に生きようと願う者は賞賛を受けるのでなくて、迫害を受けるのだ（Ⅱテモテ三・一二）ということを学びました。そして今は、困難に出会うごとに、あなたとの一体感を体験し、これで正しいのだと自分の路線を確かめる基準とするまでになりました。しかし、なお私の甘い考えを矯《た》め直し、いよいよたくましくきたえあげてくださいますよう。

2月7日

主こそ、私の受ける分です……。（哀歌三・二四〔第三版〕）

主よ。天と地と、その中に満ちているものとは、すべてあなたのものです。あなたは一切の所有者であられ、主権者であられます。もとより、私にしたところが、私のものではなくて、あなたのものです。文字通りあなたは私の〝主〟であられます。

けれども、雄々しい聖徒たちは、これを逆に、主は私のものと、あえて言い放ちました。神学者は何を言うか知りません。しかし、世の神学者たちを退けて、主は私のものだと高らかに叫ぶ聖徒たちの幸福感に、何者が指さすことができましょう。

死んだような教条主義に縛られ、伝統にはめ込まれて、これほどの人格的な神との交歓、これほどの大胆な交流を殺してしまうことのありませんように。

私は主のものとして、ぬかずく敬虔さ、礼拝とともに、主こそはわが分なりと掲げて、人々に対する誇らしさと喜びを合わせ持たせてください。

2月8日

ヨブの三人の友が……。（ヨブ二・一一）

友であられる救い主よ。私は多くの友人を感謝いたします。それは得がたいあなたからの賜物です。肉親に語れない秘密を、友人には打ち明けることができます。今、目をつぶってその名前と顔を思い出す友。それは私の王冠を飾る宝石です。

けれども、決して、私がそれらの友人を神の座まで祭り上げては、失望しませんように。友もまた人間であり、限りある者であることをわきまえさせてくださいますように。

ヨブの友人のことがあります。友人はどんなに最善であろうとも、私の意中を完全に理解してくれるとは限りません。熱心であればあるほど、かえって誤解していってしまうことがあります。

友を、友としてあるべきところで感謝し、それ以上の期待をかけて、かえって友を滅ぼしてしまうことのありませんように。

2月9日

何をするにも、すべて神の栄光を……。（Ⅰコリント一〇・三一）

いつくしみ深い父よ。私は小さな者ですが、それでもあれこれの責任を担い、仕事も多岐にわたっています。迫っていけば、一つ一つがとめどなく広がっていきます。

しかし、いつでも、究極的な目的を、視野の中にとらえている者でありますように。目的の目的、第一の目的をはるかに据え、それとのかかわりあいの中で、すべてを位置づけ、加減して、事を運びえますように。

あの事、この事を、バラバラにでなく、大目標に通じる一本の糸によって、首飾りのようにきれいに貫いているものでありますように。

そして、もしも第一義の大目的にとって害となるならそれを断って落とし、遠回りとなるなら振り切って勇躍していけますように。どれだけ多くのことをというよりは、どれだけ深くという発想で、私の心を専一にすることができますよう。

2月10日

私とあなたに何の関係があるのですか。（マルコ五・七）

聖なる主よ。私は善い状態の時には、進んであなたにまみえようとしますが、自分の内に悪を覚える時には、あなたから隠れようとします。

もとより、それは私の良心の目覚めのしるしではありますけれども、同時に、悪の中に居座ろうとする底意が働いているのです。

このまま、悪の楽しみに埋没してしまいたいのに、何の干渉か、ほうっておいてください、と言います。恐ろしいことです。不逞《ふてい》なことです。おのれをさばきのまな板の上に載せて、わめくことです。

どうか、私が善い状態にある時よりも、悪い時にこそ、あのレギオンを退治された時のように、舟に乗って来てください。いやおうなく、私の面前に立ってください。そして、有無を言わさず、私の中のレギオンを追放してください。容赦なく。そして、私を正気にもどして、ひざまずかせてください。

2月11日

聖なる、聖なる、聖なる、万軍の主。（イザヤ六・三）

天にましますす神さま。あのエルサレム神殿の中で売買人や両替人たちを追われる主イエスの、すさまじいお姿を思います。

柔和なこと、幼子もなつく、やさしい慈父・慈母のようなイエスさま。弟子たちの失態を目にされても、心は熱しているが肉体は弱いのだねと、抱擁してくださるイエスさま。十字架の上でさえ、強盗の悲願を聞きもらすことなく、ただちに答えてくださったイエスさま。

それが、細なわで作ったむちを振り上げ、人も獣も追放し、それを見る者は恐れたという、激しいお姿が今日の私を引き締めます。

あなたを、いい加減に考えることのありませんように。あなたが聖であられ、あなたが義であられ、善であられ、真であられることを、決して忘れることのありませんように。恐れつつあなたに親しませてください。

2月12日

主の真実は大盾　また砦《とりで》。（詩篇九一・四）

父なる神よ。

あなたは雲間にそびえる山を築き、果てなき海の水をたたえさせたもうとともに、野辺の草に花を咲かせ、小川の小魚を生かしたまいます。あなたの御目の前には大きすぎるものはなく、さりとて小さすぎるものもありません。

私はこの一つ胸の中に、どうしても越えて行けそうにない大事を秘めているとともに、日常的な生活のにおいの染みついた、執拗《しつよう》な雑事に蝕まれています。しかし、人は知らずとも、主よ、あなたは、それらいっさいの私の問題をご存じであられます。

それゆえに、私は救われます。しかも、あなたは山を崩す嵐をとどろかすとともに、タンポポの種を運ぶそよ風を送りたもうように、それら大小の問題にふさわしい助けを恵んでくださることを信じます。

2月13日

主よ　立ち上がってください。（詩篇一〇・一二）

聖なる神さま。私もキリスト者の端くれとして、自分がののしられたり、あざけられたり、そしられたりすることは、これを自分の責任として、耐えなければなりませんし、どうやら耐えられます。

けれども、聖なるあなたの御名が罵倒《ばとう》されたり、侮辱されたりする時、私は耐えがたくなります。そのために私は八つ裂きにあったような心の痛みを覚えます。

そんなとき、私はあなたと一体になっている自分をいとおしく思います。かつては、自分の事で尽きていた私。おのれの栄誉が一切だった私。それが、あなたの栄光のこととなると、自分を犠牲にしてでも奮起する者となりました。

そして日々、「御名をあがめさせたまえ、御国を来たらせたまえ、御心をなさせたまえ」と祈る一人となりました。私はすでにあなたのものです。私自身のものではありません。このことを覚えて手を組みます。

2月14日

パリサイ人とヘロデ党の者……。（マルコ一二・一三）

主なる神さま。この世には、確かに神の国と世の国の別があることを私は知ります。それは、人為的な境界を越え、階級を横断しています。

主イエスの前に、パリサイ派とヘロデ党とは手を握りました。常日頃、ことごとに対立して犬と猿のようだった両派。片や民族主義者、片や国際主義者。片や反体制派、片や体制派。その政敵同士が、イエスの前には結束しました。

こんなことが今日も起こります。あなたの御名を前にするとき、資本家も労働者も日頃のいがみ合いを忘れて、ともに口をそろえて罵倒し始めます。与党も野党もそろって冷淡になります。何から何まで、違う異教徒同士が手を取り合って敵対してきます。

ここに、いわゆる身分、階級、党派、宗派を超えた、もう一つの分類があることを見ます。私がこのことをよくよく記憶して、事にあたることができますように。

2月15日

私を生かし／私があなたのみことばを守るようにしてください。（詩篇一一九・一七）

万物の主なる神さま。私の生涯は私のものだと思い、私の好きなように使えばよいのだ、と当然のように考えていた私でした。けれども、ひとたびみことばに触れて、私は私のものでなく、あなたのものであることを思い知らされました。

聖詩人は、「私を生かし／私があなたのみことばを守るようにしてください」と祈ります。彼においては、生きることは〝従〟で、みことばを守ることが〝主〟だとしていたのです。自分の生きることが〝主〟ならば、そのためにみことばを捨てることもありましょう。けれども、みことばを守ることが〝主〟であるならば、そのために自分のいのちを捨てることもあるのです。

そこに、殉教者の道は開けていました。ある人が、私はみことばの上に立って生きていると言いましたが、ある人は、私はみことばの下に立って生きると言いました。私もみことばの下に！

2月16日

イエス・キリストを見たことはないけれども愛しており……。（Ⅰペテロ一・八）

聖なる神さま。地上にあらわれた救い主イエス・キリストと同席した者、ともに飲み食いした者、その教えに直接触れた者は何人いたことでしょう。もし、その時に生まれていたら、と私も思うことがあります。

けれども、百度主の奇蹟を見、千度主の説教を聞いたとしても、また日々主と同じパンをいただき、杯をともにしたとしても、それは救いではありませんでした。単なる習慣、単なる好奇心の詮索、単なる皮相な知識は、不正として断ち切られるのです。肉において主イエスに接することは、多くの人にとって特権というよりは害毒でした。むしろ、肉において主に接することのできない私は幸いなのです。

あの主の側近であったペテロが、キリストを見たことはないけれども信じていることこそ信仰の結果であり、たましいの救いを得ている証拠だ、と語っている深い意味を思わせていただきます。

2月17日

良い真珠を探している商人……。（マタイ一三・四五）

あわれみ深い主よ。

私はあなたにお従いして以来、酒席とは縁なく、遊興の場は別世界となり、あるいは立身出世のコースも他人のものとなりました。

けれども、時として、かつての友人たちの栄耀栄華《えいようえいが》を見聞したり、その名声・名誉ぶりに触れたりすると、私の中には大きな疑問符が浮かび上がり、しっかりしているはずの霊魂が、揺りもどされるような時があります。

まだまだ、私には天国で受け継ぐ神の子としての光栄が、よく見定められていない証拠です。見えるものがしばらくであって、見えないものこそ永遠にいたるという真理を、まだよく見つめていないからです。

それこそ、すばらしい値打ちの真珠を一つ見つけた商人が、行って持ち物を全部売り払ったという、たとえ話に沈潜《ちんせん》させてください。

2月18日

恵みの御座に近づこう……。（ヘブル四・一六）

天にまします大祭司よ。

私を洗い清めてください。悪事に染まるこの両手、破れの道で汚れるこの両足、みだらなものに向けられるこの両の目と耳、そして隣人に炎を吹きつけるこの一枚の舌。

これらを、洗い清めてください。そして、白い義の衣をしっかりと身につけさせてください。小羊の血によって洗われた、純白の義の衣をきちんと着こなして立たせてください。ひそかに切り継ぎしようと私が隠し込んでいる古いこの世の衣を、谷底に投げ捨ててしまってください。

そして、祈りにひざまずき、礼拝に首《こうべ》を垂れ、あなたの聖所に入り、大胆に、心おきなく、後ろめたい思いなく、神と交わらせてください。さわやかに、わが神よ、わが主よ、と会話させてください。

2月19日

確かに、あなたもあの人たちの仲間だ。（マタイ二六・七三）

全知なる神さま。あなたは、同信の友の声によって、背教の道から私を守ってくださいます。面と向かっての忠告のほか、陰ながらの祈りによって。

けれども、必要な時には、敵の声によってさえ、私を引きもどしてくださいます。「確かに、あなたもあの人たちの仲間だ」という女中の黄色い告発の声が、ひた走りに背教の道を走っていたペテロの足をすくって、転倒させ、止めました。それも、一度ならず、二度、三度と。

いや必要なら、あなたは何十度でも、何百度でも女中に叫ばせてペテロを動転させ、止められたことでしょう。危うく、キリストの名を否もうとして、「まさか君は、君の神を否むことをしないだろうね」と官憲に言われ、翻然《ほんぜん》と殉教者の道に立ち止まった者もありました。どうか、あらゆるものを通して、私が一貫の道に終始するようお導きください。

2月20日

その足は、……真鍮《しんちゅう》のよう……。（黙示録一・一五）

仰ぎまつる救い主よ。老ヨハネが見たあなたの足は、炉で精練されて光り輝く真鍮のようでした。

しかし、私の生活の足ときたら、光り輝くどころか、すぐにも汚れて臭気を放ち出します。主の御足跡が香り高く、常に清らかであられたのとは、なんと対照的なことでしょう。

朝に、志を高く掲げて歩み出しても、私の一日の生活の足は、いつしか汚れていきます。どうか、おあわれみください。一日の終わりごとにゆるしを願う私の祈りを、聞き飽きずお受け入れください。

それに、あなたは私を義とされるばかりか、また聖めてくださる救い主であられます。どうか、あなたの尽きないご忍耐のうちに、遅々とした歩みではあっても、昨日よりは今日と、私の生活の足が輝きを増していくものでありますように。

2月21日

だれが彼の前に国々を渡し……。（イザヤ四一・二）

全地の主にましょます神さま。私は、いやでも応でも地上の一つの国家の一員として生まれ、生きます。その母国のために奉仕していきます。

そして、祈りながら、国家のあり方、国民としてのあり方を考えます。国家を神のようにしてさばかれた歴史を思います。国家の名において、あなたと競い、あなたを否定しようとした暴挙をおかすことのありませんように。

されぱといって、国家を無用視して、これを捨てて顧みずに自滅していった者たちの愚挙も、私の立つところではありません。

国家を、神をほめたたえる場とし、神の正義を実現する場として、これを神に仕えさせるとともに、神のために活用できるようにしてください。敗れては神に悔い改め、勝っては神を賛美した昔の先輩たちの築いたような国家たらしめるよう、祈らせてください。

2月22日

牧者はその先頭に立って行き、羊たちはついて行きます。（ヨハネ一〇・四）

あわれみの神さま。

私が自分を制することにおいて勇士であり、自分を十字架にかけることにおいてローマの兵卒よりもきつくあらせてください。自分をいやしめることにおいては、カルバリの群衆よりも無情であらせてください。

そうでないと、私はすぐゴリヤテのように勝ち誇り、レビヤタンとなってのたうちまわります。

どうか、なお残っている古い私を死なしめ、前を行かれる主に従って、歩ませてください。

私はただの一頭の羊です、と言わせてください。羊飼いにすべてをおまかせし、いそいそとついて行く羊になりきらせてください。その従順と謙遜と無欲と気安さを恵んでください。そして、その羊飼いの御声のまにまに永遠の門に入る喜びを歌わせてください。

2月23日

主は与え、主は取られる。(ヨブ一・二一)

神の神にまします主よ。

私がいつも、あなたご自身を神として拝する者でありますよう。と申しますのは、私も世の中のご利益《りやく》宗教者たちと同じように、あなたご自身をでなく、あなたから賜る利益、あなたの下さる贈物、あなたにある特典をもって神としてしまう傾向があるからです。

あなたの恵み、あなたのプレゼントをあさって、あなたご自身を忘れ、結局、私が拝しているのは、ご利益ばかりという大変な結果になってしまうからです。

そんなことですから、その日その日の明暗、幸不幸、吉凶《きっきょう》禍福《かふく》に一喜一憂して、私は動揺するのです。どうか、私の身の上に何が起ころうと、あなたが神であられるからあなたを神とし、たとえ光が一筋も見えなくなっても、あなたご自身を礼拝する、不動の絶対的な信仰者であらせてくださいますように。

2月24日

兄は怒って、家に入ろうともしなかった。（ルカ一五・二八）

聖なる神さま。あなたの宗教の世界では、この世の価値は逆転し、値打ちはひっくり返ります。いや、本当はこの世の価値や値打ちのつけ方のほうが、さかさまなのでしょう。もとより、世間で善しとされていることが、道徳の上では悪とされることが多々あります。そして、その場合、道徳の世界の判断のほうが、より真実であることは万人も認めます。けれどもまた、その道徳の世界で是とされ、美しいとされることが、あなたの御前では非とされ、もっと醜悪なものと化してしまいます。あの勤勉、方正な兄が放蕩《ほうとう》息子と並ぶと、なんと醜い我利我利《がりがり》亡者《もうじゃ》に映ることでしょう。それに対して、放蕩息子のほうが、かえって聖なる円光をいただいているように見えるのです。

不思議なのは聖書の世界です。この宗教の世界を心がけて私が歩みますように。

2月25日

あなたの裸の恥をあらわにしないために……。（黙示録三・一八）

天にまします御父。私に衣食住はあっても、肝心の自分自身が宙に舞って不在という異変を恐れます。気づいてみれば、単なる胃袋人間、えもん掛け人間、掃除機人間となっていることだってありましょう。

世の中は食って、寝て、起きて、さてその後は死ぬばかり、と自嘲しながら、なお残り少なくなった貴重な日々を、食いつぶし、着倒れてしまうことのありませんように。今日も、本来の自分自身を確認し、これを闊歩《かっぽ》させていけますよう。

あのラオディキアの教会は、自分は富んでいる、豊かになった、乏しいものは何もないと言っているが、実は惨めで、哀れで、貧しくて、目が見えず、裸だと宣告されました。それに対して、苦しみと貧しさの中にも戦い続けたスミルナの教会は、しかし、あなたは実際は富んでいると宣言されました。外見だけのラオディキアの子となるのはいやです。内実のスミルナの子とさせてください。

2月26日

弱い者の世話をし……。（Ⅰテサロニケ五・一四）

愛しまつる救い主よ。

磁石の針は、文句なしに北を指しますが、あなたの地上のご生涯にも指向性がありました。それは、いつも、いかなるときも、はっきりと貧者、弱者、病者を指しました。いや磁石など吹き飛んでしまうほど、それは確実で絶対で、真一文字でした。

第一ご自身が飼葉おけに生まれ、作業場で育ち、枕する所なく、飢え、渇き、辱しめられ、木にさらされ、墓も借り墓だったのです。その生まれそのものからして、社会の底辺を目ざされたのです。主の指向性は、実に本質的なものだったのです。

この方向性を受け継いでいなければ、主の弟子ではありません。主が内住したもうかぎり、その指向性は、おのずと決まるはずだからです。私がどれだけ主をお迎えしているかを、この指針で確かめさせてくださいますように。

2月27日

これからは、決して罪を犯してはなりません。（ヨハネ八・一一）

愛にして義なる神さま。

かつて、律法は私を責めさばく、恐るべき剣でした。まさに律法はすべての人の口をふさいで、神の審判に服させる殺人剣でした。しかし、ひとたびあなたの贖いにあずかってみると、律法は様相を一変して、新しいいのちを導き、啓発してくれる照明となり、道案内となり、守護者となりました。

新しいいのちは、このような成長を指南してくれる手引き、この道が栄光に通じていると指示する地図、そしてふらちな妄想を断ち切ってくれる活人剣となりました。この変わりように驚きます。

恵みに浴したからといって、私は律法を捨てません。いずれも、あなたの賜物です。恵みは、むしろ律法を守っていく力と喜びを与えるものです。この進歩、この発展、この変化を感謝いたします。

2月28日

キリストが私のうちに生きておられるのです。（ガラテヤ二・二〇）

主イエス・キリストよ。あなたが私の中に住んでくださって以来、人々の中にも住まうあなたを見る目が開かれました。あの人、この人にも、あなたが住んでおられると思えば、本当に兄弟、姉妹という感じがいたします。

あなたの美しさは限りなく、数えあげることもできませんが、その美しさの一端を一人一人が表しているのを見ることはうれしいことです。

ある兄弟は、あなたのやさしさを。ある姉妹は、あなたのこまやかさを。ある兄弟は、あなたの実行力を。ある姉妹は、あなたの静けさを。ある兄弟は、あなたの犠牲的精神を。ある姉妹は、あなたのへりくだりを。

これほどの見ものはありません。そして、私の中のキリストは、どのようなものでしょうか。私はどの面であなたを表しえているのでしょうか。そのことを考えさせてください。

2月29日

いつも喜んでいなさい。（Ⅰテサロニケ五・一六）

ご慈愛深き御父よ。二月も、今日一日をあますばかりとなりました。寒さの中にも、やがて花開く春の足音を聞き取る心をお備えください。

あなたは冬の主であり、春の主であり、夏の主であり、秋の主であられます。そして、この寒さの時は寒さの時で、捨てがたい恵みの時であることを楽しませてください。

春は花、夏は青葉、秋は月、そして冬は白雪と、自然は、あなたの恵みの豊かさを表しています。私も、この冬に何をもって、あなたの恵みを表そうとしているのかと考えて、あれこれ思い巡らします。

そして、実にたくさんの恵みを思いついて驚きます。主よ、ありがとうございます。こうして、私は今年の二月を精いっぱい生きました。胸が熱くなるような生きがいを覚えて！

3月

3月1日

罪の増し加わるところに、恵みも満ちあふれ……。（ローマ五・二〇）

いつくしみ深い主よ。三月の声とともに、天地の明るさが増し、暗やみの勢力が次第に遠のいていくことを感じます。どうか、私の心も、義人の霊魂らしく、日とともに輝きを増していきますように。

その明るさは、まず今まで見えなかった私の中の汚いものを照らし出して、私を悲しませます。こんなにも私の生活の衣はほころび、汚れていたのかと、恥じ入らせます。暗やみの中では気づかなかった私の実体の哀れさの暴露です。

けれども、その明るさは、やがて光を増していくとき、どんなものも照らし出して、輝かせるに至ります。それが主よ、あなたの光です。あなたと対面したモーセの顔は輝いたのでした。日一日と、増す明るさの中に、自分の足もとをよくよく見つめて、へりくだらされるとともにその傷も輝いていく！　この祝福の変化をたたえます。

3月2日

人の子を裏切るその人はわざわいです。（ルカ二二・二二）

天にまします神さま。時々、聖書の中に出てくるあなたの呪いのことばにつまずきそうになります。その時、あなたが変貌《へんぼう》してしまったのではないか。あなたの愛という本質は変質してしまったのではないかと、いぶかしく思われるからです。

けれども、その激しい口調の源にあるお心を推し測るとき、私は一層あなたの御愛の強さに手をつきます。あなたが発する激しい呪いのことばゆえに、悪人はおのれの悪事が、まさに聖なる怒りを燃やさせるほどの悪であることを思い知らされて、悪事の悪事たることを気づかされるのです。そこには悪人が回心してみもとに帰るのを期待される、あなたの愛の御顔がもう見えているのです。

そして同時に、悪人に対する呪いの叫びは、それだけ理不尽に迫害されている民に対する熱烈ないつくしみと、いたわりのお心の発露なのです。ありがたいご同情の奔流なのです。呪いのお声の中にも現れている、この両面の福音も私の宝です。

3月3日

子どものように神の国を……。（ルカ一八・一七）

真の御父。詩篇を開いて確認させられるのは、一国の王者であり、一代の勇将であり、一個の偉丈夫であった聖詩人が、あなたの御前では、まるで一人の赤子のように、幼児のように、訴え、頼り、請うていることです。

「私に御顔を向け　私をあわれんでください。私はひとり　苦しんでいます。私の心の苦しみが大きくなりました。どうか　この苦悩から私を引き出してください。私の悩みと労苦を見て／私のすべての罪を赦してください。ご覧ください。私の敵がどんなに多いかを。彼らは不当な憎しみで　私を憎んでいます」（詩篇二五・一六―一九）

あなたの御前では王位も武勲もかなぐり捨てて、自分の弱さをさらけ出して、助けを求めるいじらしさ、子どもらしさは、意外であり、さすがなことでした。

私も、あなたの子らしく、何の気兼ねなしに、あなたの御胸の中で振舞う者でありますよう。他人行儀はあなたご自身のおきらいになるところなのですから。

3月4日

すべてのことがともに働いて益となることを……。（ローマ八・二八）

救い主よ。

私はすぐ自己中心となって、自己満足でふくれあがるかと思えば、たちまち自己嫌悪《けんお》に落ち込んで、ほぞをかむことをくり返します。自分の何たるかをわきまえずに、世界を自分のまわりに振り回そうとするから、空中分解してしまうのです。

けれども主よ、世界は、あなた中心に回っているのです。ですから、また、私があなたと一つになれば、世界は私のまわりを回ることになるのです。

どうか、わが身知らずで転落した暁の子、明けの明星（イザヤ一四・一二）のようにならず、むしろ自分の弱さをこそ誇って、弱さの中の強さという極意を知った使徒のように、あらせてくださいますよう。

3月5日

あとは、義の栄冠が私のために用意されている……。（Ⅱテモテ四・八）

私の主にましまし神よ。かつて、私は私の王国を夢みていました。そして事をはかり、努力これ努めていました。堀を削り、石垣を積み、やがて天守閣に居座って得意の酒杯を傾けては、わが世の春をうたおうとしていました。

けれども主よ、今は、強欲にうごめく張り子の天守閣は消え失せて、ただ神聖な栄光に輝くあなたの王国のみが日に日に高く望まれて、その一員であることに無上の光栄を覚える者となりました。それこそ、悪の幕屋に君臨するよりは、神の家の門守《かどもり》としてあることを願う、という詩人の心と一体となっている今の私です。

くれぐれも、その御国の完成する日まで、私があなたの賜る苦楽の杯をおしいただき、あなたの施したもう浮き沈みのバプテスマに自ら進んで浴していけますように。決して、エサウのように、一杯の煮物のために長子の権利を失うことのありませんように。

3月6日

火が、それぞれの働きがどのようなものかを試すから……。（Iコリント三・一三）

全能の主よ。大きなものをたくさん、と私はすぐ量のことを口走り、望みます。ふやしてください、広げてくださいというのが、決まり文句のようです。

しかし、どんなに柄が大きくて、数が多くても、中身が空っぽでは何にもなりません。うどの大木、張り子の虎では役に立ちません。瓦礫《がれき》を山ほど積んでも魅力はありません。

何かと言うと、すぐさま数量の斜面をすべり出す私の浅はかさを直してください。山ほどの土石も、豆粒一個のダイヤの前には無価値です。風船のようにふくらむよりは、ダイヤのように緻《ち》密《みっ》になる方向を目ざしますように。

私の信仰生活が、木や草やわらのまやかし作業で、外観を大きく見せては、終わりの日に黒煙もうもうと恥をかかないよう、どこを切っても金という正真正銘《しょうしんしょうめい》の本物であるよう心がけます。

3月7日

主、わが力。（詩篇一八・一〔第三版〕）

神さま。私にとって〝力〟とはいったい何だったのでしょうか。私が力とするところは何なのでしょう。富だったのでしょうか。妻子だったのでしょうか。それとも、健康だったのでしょうか。何のかのと言って、私の存在自体だったのでしょうか。

しかし、詩人は「主、わが力」と呼びました。詩人にとって〝力〟は、ただ主よ、あなただったのです。〝力〟と言って、彼は真一文字にあなたを、主よ、あなたを指さしたのでした。敬服します。脱帽します。そこまで、おのれの精神を煮つめ、霊魂を結晶させることができるとは！

私も、主はわが力なり、と渾身《こんしん》の力をこめて告白して、心もすっきりと、姿勢を正して歩めますように。古代の勇者、戦いの中にいのちをかけ、千軍万馬の間を疾駆《しっく》した先輩の、単純にして強力な生き方にあやからせてくださいますように。

3月8日

主が御顔をあなたに照らし……。（民数六・二五）

聖なる神さま。私に痛みがあります。あなたからお受けした御愛を、人々に映し出すことにおける私の不十分さです。

どうして、私の心の鏡は、あなたの御愛を反射させるのに曇っているのでしょう。あの時、あすればよかった、こうすればよかった、という悔恨《かいこん》が、うずくばかりです。

きっと、私が、まだあなたの御愛を浴びるのに足りないからです。もっと全身全霊で御愛をこうむる者であらせてください。未練がましく、後ろのほうに気を取られて、はすに構えず、あなたと真正面させてください。

今日も、愛の証人として、人々の間に出ていくにあたって、もう一度、私の心の鏡の曇りをきれいにぬぐい去り、何よりも、まずあなたの愛の光をくまなく受け、それを鮮やかに反映させる喜びに生かさせてください、主よ。

3月9日

主です。（ヨハネ二一・七〔第三版〕）

私の主なるイエスよ。私が、あらゆる事柄の中に、あなたを目ざとく見つける眼《まなこ》を持つ者でありますように。

失意のガリラヤ湖畔の朝ぼらけ、ものうげな霧の中にも、「舟の右側に網を」と聞こえた一言に、「主です」と、あなたを直観した若き日の使徒ヨハネのような霊の眼を恵まれますように。

荒海の孤島に、独り主の日を守るとき、御霊を直感し、燭台の間を歩まれる主を目のあたりにした老熟のヨハネのような眼を与えられたい。若き日にも、老いの日も、また湖畔にも、海辺でも、主の御声を親しく聞き取り、主を直視する幸いを私も恵まれたいと思います。

今日も、雑踏の中に、「主です」とだれよりも真っ先に言い出すほどの者として、私をご教導くださいますよう。

3月10日

この囲いに属さないほかの羊たちがいます。（ヨハネ一〇・一六）

救いの源であられる神さま。私はあなたにあるいのちの豊かさを味わって、満ち足りれば満ち足りるほど、ますます心にかかることがあります。それは、この恵みを知らず、拒絶している兄弟姉妹のことです。その家なき岩山に住み、塩なくして砂を食らい、衣なき裸同様の状態のことです。

このような動物的な暮らしを同胞がしていること、これが近頃の私の胸の痛みです。どうぞ、兄弟姉妹の無知を払い去らせてください。そのがんこを粉みじんにしてください。すきあらば、同胞を横抱えにしてでも、あなたの光の国に飛び込みたいという私の内の衝動を大切にさせてください。そして、野性の生き物が御国の群れに投げ込まれて、みるみる羊らしい羊となって、変貌していくのを目のあたりにする喜びを満喫させてくだされば、これ以上のことはありません！

3月11日

ほかの人のことも顧みなさい。（ピリピ二・四）

主なる神さま。私は、野放しにしておけば、ただ自分のことで毎日毎日を過ごして、平気でいる者です。しかも、たちの悪いことに、自分の問題について、隣人はどうしてこうも無関心なのかと、恨みがましい顔をする者です。

しかし、私のまわりには、私の思いも及ばない不幸な隣人が、どんなに多くおられることでしょうか。一見、快活で何の憂いの色も見せないのに、実は大変な問題を内に抱えて、深く傷ついている人も多いのです。

どうか、私がそのような隣人に心を配り、隣人の面上に一瞬走った一筋の暗い影をも見落とさない、鋭敏な同情の心の持ち主となりますように。

また、そう言えば近頃姿の見えない何人かの兄弟姉妹がいることに気がついて、あるいは……と思い立てば、声をかけなければいられないという熱心の持ち主であらせてください。

3月12日

食物が私の兄弟をつまずかせるのなら……。（Iコリント八・一三）

教会の首《かしら》にましますます主よ。かつて、私は先輩の、ふとした言動につまずいたり、傷つけられたりしましたが、今は私の番となりました。初心の兄弟たちに、新しく生まれたばかりの姉妹がたに、問題を投げかけるような振舞いに及ぶことのありませんよう。

私は私のために生きているのでないのと同様、私独りで生きているのでもありません。私は神のために生きているのであり、兄弟姉妹の間で生きているのです。

教会は、信仰の程度、聖化の段階、性質のタイプにおいて、十人十色の者の集まりです。私個人には許されていることでも、左の兄弟には禁物であるかもしれませんし、私にとって快適なことは、右の姉妹には不快であるかもしれません。

よくよく、あたりに気を配って、無意識のうちに御名を汚して、後で後悔しないよう自戒いたします。

3月13日

主よ、目が見えるようにしてください。（ルカ一八・四一）

恵みの主よ。私はうかつにも、見れどもも見えずということがしばしばあります。せっかく人としてつくられ、美を楽しむ賜物を与えられながら、自然の美しさや人の心の美しさに気づかないことの、なんと多いことでしょう。

昇る朝日に雪山がダイヤのように輝いても、牛馬の目には一文の価値はなく、沈む夕日に空が真紅に染まっても、犬猫の目には何の感動もありません。しかし、人はその光や色の美を味わうことができます。

けれども、ただそれだけにとどまることなく、そのように自然を輝かせ、いろどられるお方の存在とみわざにまで思い至る者であらせてください。そして、心の目もいよいよ澄まされて、一人一人の隣人の中に形造られているイエス・キリストの形を見、愛《め》でることができますように。それこそは、何にもまさる神聖な生きた美しさであり、賛美せざるをえない喜びであることを感銘させてください。

3月14日

人々が光よりも闇を愛した……。（ヨハネ三・一九）

天にましますす神さま。人々は神なしと叫び、世は神が死んだと書き散らします。しかし、そういう声の高さそのものが、実はあなたの生きておられることのしるしです。

そして、人々が神なしと言うのも表面上のことで、本当は神がいては困るのです。神がおられては安心して悪事をなしていけないからです。本音は、神がいないことにしておく、ということであり、そう叫ぶことによって自分を暗示にかけているのです。神は死んだ死んだと、世が鉦《かね》をたたいているのも同断です。神が生きていては、不正・不倫な野望や野心を成就する上でおもしろくないからです。

主よ、こんな自己催眠の空しさから人々の目を覚ましてください。そんな噴火口上の酒盛りの酔いをさまさせてください。神はたとえ殺されても、よみがえるお方でもあることを思い知らせてください。

3月15日

世全体は悪い者の支配下にある……。（Ｉヨハネ五・一九）

歴史の主にましますす神さま。老使徒ヨハネは、ずばり「世全体は悪い者の支配下にあることを、私たちは知っています」と言い切りました。その一言で、私の人生観・世界観はすっきりと定まります。

世界は目下、悪魔の支配している所であれば、神につける義人が苦しめられ、責められるのは当然です。世界が私の安住の地であるはずはなく、戦場となるのは当然です。世界はわが住みかではなく、わが征服する所なのです。

昔からの問題、義人はなぜ苦しむのかという難題は、これで見事に割り切れるのです。なぜキリストが十字架にかけられたのか、というなぞも解けるのです。

私が今苦しんでいるのなら、それは当然なのであり、苦しんでいないのなら、むしろそのほうが怪しむべきことなのであり、よくよく究明されるべきことだったのです。私は世の者でなくて、神からの者なのですから。

3月16日

日々自分の十字架を負って……。（ルカ九・二三）

幸いな主よ。

あなたがカルバリに背負われた十字架は、どんなに重かったことでしょう。それは、私たちすべての罪が全部のしかかった十字架だったのですから。人類の初めから終わりまでの途方もない人々の罪、そして私の今まで犯してきた罪、これからも犯してしまう罪のすべてがかかっていたのですから。

けれども、私が賜っている十字架は、贖われた者の喜びをかみしめる十字架、愛する主と一体となる光栄の十字架、おのれを聖《きよ》め高めていく十字架です。

これを重いとか、つらいなどと言うことは、見当違いであることを悟ります。この十字架はむしろ、救いの泉をわき出させ、いのちの川を流す源だったのです。どうぞこの十字架を恥じることのありませんように。これを王冠のように押しいただき、高く掲げて闊歩《かっぽ》させてくださいますように。

3月17日

幸いなことよ／全き道を行く人々／主のみおしえに歩む人々。（詩篇一一九・一）

天にましますお慈愛の御父よ。人の本質は、その人が何をもって幸福としているかに表れるものです。しからば、いきなり、幸福な人とはどういう人かと聞かれて、私は何と答えるだろうか、と考えます。どんな人のことを思い浮かべることかと。

綾錦《あやにしき》を着る人か、勲章を胸に飾る者か、大金庫の前に座る人か、ごちそうをほおばる者か、豪邸に住まう人か、姿かたちの美しい者か、権力の座に座る人か、名門に生まれた者か、評判の学校に合格した人か、などなどと。

しかし、詩人は、「幸いなことよ／主のさとしを守り／心を尽くして主を求める人々」（同二節）と言下に答えてしまいました。全く敬服します。私の本音、私の本質はどうなのでしょう。今一度、自分にとって幸いとは何なのかを、突きつめさせてください。そして、それはひたすらにあなたの道を歩むことです、と明言する者であらせてください。

3月18日

しかし、御霊の実は……。（ガラテヤ五・二二）

御霊なる神さま。私の心の引き出しは、しばらくほうっておくと、想像もつかない、いろいろな虫どもの巣となります。陰湿な嫉妬、陰口、冷淡、むさぼり、無情、無慈悲といった虫。戦闘的な、いさかい、大言壮語、高慢、そしり、殺意という虫。そして、私の心はこれらの虫同士が分裂し、紛争する戦場のようになってしまいます。

どうか、私の心の引き出しを、上から下まで全部開け放って、あなたの健康な光のもとにさらして殺菌してください。それも、いい加減にすませて、後でまた臭気を放つことのないよう、思い切って消毒してください。

そして、その後には、愛、喜び、平安、寛容、親切、善意、誠実、柔和、自制という香水と宝石を納めさせてください。

3月19日

キリスト・イエスの立派な兵士として……。（Ⅱテモテ二・三）

万軍の主なる神さま。

この一兵卒を、あなたのご采配によって、恐怖や苦悩で自滅させずに、引きまわして戦わせてください。

まず、罪の追撃を断ってください。それは私の意気を消沈させます。これを寸断して私に後顧の憂いなく突撃させてください。

また、私の中の自信のなさ、臆病心、無力感が、叫び出してしまわないように、天使たちの勇ましい勝利のラッパを響かせてください。私はすでに世に勝っている、というあなたご自身の大号令とともに。

そして、私がいつもだれの一兵卒として戦闘に参加しているかを自覚するため、あなたの十字架の軍旗をはためかせて、先頭に立たせてください。今日も世の戦場へと突入いたします！

3月20日

どのようにして若い人は／自分の道を　清く保つことができるでしょうか。（詩篇一一九・九）

いのちの主よ。だれにも若い時があります。若さは、よいことでもあれば、よくないことでもあります。頼もしくあれば、また危なっかしくもあります。意欲はあっても、識見に欠けるうらみがあります。

人生は想像以上に広大であり、若者の知識は浅く、経験は薄く、未熟です。〝意あまって知たらず〟です。どうしたら、この複雑で巨大な世の中に旅立つことができましょう。その準備は、その用意は。

前途は限りなく洋々としていながら、若者の行く手には思わぬ暗礁、急流が横たわり、断崖絶壁がそびえ立っています。

どうしても、海図が必要です。地図が不可欠です。人生は空想や観念だけでは進めません。今一度、あなたがお与えくださった人生ガイドのみことばに、その日その日の正しい道を確かめて、難破・遭難の残念を残すことのありませんように。

3月21日

女が、パン種を取って……。（マタイ一三・三三〔第三版〕）

主イエスさま。あなたのお話は、生活感豊かです。そのお話を聞いていると、日常見なれた身近なものでも、不思議なほどいきいきと見えてきます。

大地に蒔《ま》かれた種の行方、転がり落ちた一枚の銀貨の行方、と聞くと、思わず息もはずみます。

そして、三サトンの練粉にパン種を入れるというお話には、三倍にも四倍にも、五倍にもふくれ出したパンの香ばしいにおいでおなかが鳴り出します。台所の隅の奇跡です。

そして、それが、ほかならぬ神の国を物語るものとなっている！　あのガリラヤの一隅、味気ない弟子の一団にこめられたあなたのパン種は、みるみるこれをふくらませて、世界の食欲をかき立てました。しかも、なお勢いを増してふくらんでいます。この楽しくて神聖なイメージで私の心はうれしくなります。

3月22日

主は彼女たちの額をむき出しにされる。（イザヤ三・一七）

天の御父よ。職業に上下・貴賤《きせん》があるのか。それとも職業につく人に上下・貴賤があるのか、私にはわかりません。しかし、それもこの世の秩序や価値においてです。

あなたの御国、あなたの御目の前では、それら世における外面や見てくれでなくて、奉仕のあり方にこめられる志にこそ、上下・貴賤が出ているに違いありません。

祭司長や長老たちが、まむしのすえと呼ばれ、王侯も狐と見たてる御目、やむをえず淪落《りんらく》した遊女の中に真心を認められる、それがあなたの御目です。

今をときめく高位顕官の、いわゆる上品な姫たちでなく、ナザレの賤《しず》が女マリアを愛《め》でられるのが、あなたの視界なのです。

私の職分が何であれ、このようなあなたの御目に真に高潔な紳士であり、真に魅力的な淑女でありえますように。

3月23日

御父がどんなにすばらしい愛を与えてくださったかを、考えなさい。（Ⅰヨハネ三・一）

慈愛の父よ。あなたの知恵の光をもって、私を照らし出し、私の理解を増させてください。私は、すでにあなたから賜っているもののすばらしさを知って感謝しています。それが、たとえようもない宝であることを誇らしく思っています。

けれども、私のいただいているものは、私の知っている以上に貴いものだとも知っています。私も、使徒パウロから「栄光の父が、神を知るための知恵と啓示の御霊を、あなたがたに与えてくださいますように。また、あなたがたの心の目がはっきり見えるようになって、神の召しにより与えられる望みがどのようなものか、聖徒たちが受け継ぐものがどれほど栄光に富んだものか……を、知ることができますように」（エペソ一・一七―一九）と祈られたいと思います。

どんなに知ってもなお知り足りない、このすばらしいあなたからの恵みを思う光栄は感謝なことです。

3月24日

できるものなら、と言うのか。〈マルコ九・二三〈第三版〉〉

主イエスさま。悪霊につかれた息子の父親は、あなたにおすがりしながら、「もし、おできになるものなら」と口走りました。

私自身はどうなのでしょう。もし、おできになるものなら……。この「もし」は主のほうにつけるのでなく、私のほうにつけるべきものでした。「主よ、もしおできになるなら」でなく、「私が、もし信ずるなら」とすべきだったのです。

いつでも、そうなのです。得ないのは、私が求めないからなのです。開かないのは、私がたたかないからなのです。解決できないのは、私が願わないからなのです。

せっかく、宝庫のかぎを持っていながら、私が使わないからなのです。とびらのハンドルを見ているだけで、回さないからなのです。「信じます。不信仰な私をお助けください」と、私は叫びます。

3月25日

わざわいだ、パリサイ人。（ルカ一一・四二）

聖霊なる神さま。主イエスの憎むところ、きらわれたところは、あらわな悪よりも、飾り立てた悪でした。着飾った悪、衣装をまとった悪でした。悪らしい悪でなく、善に見えるような悪でした。本来の狼よりも、羊の皮をかぶった狼でした。

それも、宗教的なことばをしゃべり立て、宗教家の衣をまとい、宗教のお面をかぶった悪でした。その糾弾は痛烈でした。聞く者の心を凍らせるほどでした。

わざわいだ、わざわいだと、あからさまに浴びせかけて、いささかも容赦されない主の語気に、神をおそれます。敬虔そうな挙動、言語、住居、風采、衣服を身につけて歩きながら、その内実は、こしらえものの謙遜であり、巧みに演出された狡猾《こうかつ》さであり、まやかしの慢心ではないのか。

私の中に住んでおられる御霊の神さま。どんなにか、あなたは悲しみ苦しんでおられることでしょう。どうか、こうした偽善から私を解放してください。

3月26日

わたしにとどまりなさい。（ヨハネ一五・四）

栄光の父よ。天の下にあるすべてのもの、いや天の上にあるものも、あなたのご栄光を現すために存在し、動いています。巨大な天体から、ささいな一木一草に至るまで。クジラの遊泳も、そのあおりをくらって、きりもみするプランクトンの渦も。

それゆえ、私があなたと一体となる時、私の心があなたの御心と一体である時、すべては私のためにも善となるのです。すべては働いて、私の益となり、私の光栄となるのです。もし、私が益を受けていないとしたら、それは私があなたから離れ、それているからです。あなたと一体となっていないからです。

たとえ、病気とか、失業とか、飢饉とかも、私の心があなたと一つになっているなら、必ずや大いなる益の源となることでしょう。あなたに随順し、あなたと一つになること、このことを願わせてください。

3月27日

部屋はエルサレムの方角に窓が開いていた。（ダニエル六・一〇）

真理の御霊なる神さま。あの預言者ダニエルは、日に三度、彼の部屋の窓を故国エルサレムに向けて開き、神に祈り、感謝していました。それも捕囚の地バビロンの真っただ中で。私も、いわば異教の地・捕囚の地、今日のバビロンにいます。課せられる職務は重く、なすべき仕事は山のようです。けれども、あのバビロン全州の総督という激職多忙の身にありながら、必ず窓を開けて、神を礼拝した先輩の姿は印象的に私を引きしめます。

日に三度、いや何度でも、心の窓を開け放って、あなたとの交わりに心を満たさせてください。そこに安らぎがあり、そこに目的があり、光栄があり、力があり、知恵があり、喜びがあります。そして、本来の私の姿があるのです。これが本当の私なのだ、と自覚できるのです。

3月28日

あなたがたのからだを、……聖なる生きたささげ物として献げなさい。（ローマ一二・一）

天にまします神さま。天よりも地、神よりも人間、そして主イエス・キリストよりも金銭を追う愚から私を聖《きよ》めてください。

あのツァラアトに冒されたシモンの家で、一人の女がナルドの香油を主にお注ぎしたとき、人々の口から思わず異口同音に発せられたのは、「何のために香油をこんなにむだにしたのか」という怒気満々の叱声《しっせい》でした。彼女としては、ナルドの香油を一、二滴注ぐことだってできました。けれども、それでは足らず、石膏のつぼそのものを割ってすべてを注いだのです。それでも、なお足りないのですが、という面持ちで。本当は心を切り開いて、血をお注ぎしたいのです、という赤心《せきしん》で。

主のためにおささげするものによって、主をどれだけ評価しているかがはかられるとしたら、私はどうなのでしょう。私は本当にいのちをおささげしているのでしょうか。

3月29日

私は大工事をしているから、下って行けない。（ネヘミヤ六・三）

聖霊なる神さま。私のような者も、なにがしかの仕事にあずかり、いささかの責任ある地位に着いています。けれども、私の最大の仕事と栄誉は、あなたの教会を建て、あなたを礼拝し、救霊のあかしを立てることです。

けれども、この職務を後回しにし、等閑《とうかん》に付するようにと誘う声は、時に細く甘くささやきかけ、時に轟然《ごうぜん》と正面から浴びせかけてきます。そのとき、私は狼に囲まれた羊のように、つい誘い出されたり、あるいは、ヘビに見すえられたカエルのように、頭からのめり込んでいきそうになります。

どうか、主の勇者ネヘミヤのような自負心を私にも与えてください。これは永遠に至る大工事、世界人類のための大工事、聖なる神の栄光に通じる大工事であって、手を放すことなどできないものだと、雄々しく言い切る、さわやかさをお恵みください。

3月30日

まさか私では……。（マルコ一四・一九）

主イエスさま。人というものは、おのれの生き方に、なんと自信のないものなのでしょう。最後の晩餐《ばんさん》の席上で、「十二人の中の一人がわたしを裏切るであろう」とあなたが言い出されたとき、みんなは、「まさか私ではないでしょう」と、いちいちあなたに尋ねたといいます。主を裏切るか裏切らないかは、自分自身が一番よく知っているはずなのに。それなのに、みんな代わる代わる、「私ではないでしょう」とお聞きしたというのです。

自分で自分のことがわからないのです。自分で自分の行動がつかまえられないのです。自分で自分に責任を持てないのです。

私も、その仲間の一人となって、あなたにお尋ねするのでしょうか。主よ、私の心は、風にそよぐ葦《あし》のように、次の瞬間どっちへ傾くかわからない者です。くれぐれも、あなたの強い御腕をもって私の霊魂を把握していてくださいますように。

3月31日

ユダはイエスが死刑に定められたのを知って後悔し……。（マタイ二七・三）

信仰の導き手であられるイエスさま。

私の尊敬する先輩が、とある日から教会に姿を見せなくなり、キリストを売ってしまうことがありました。

人はただに永遠の刑罰の下にあるにとどまらず、いつも神に背こう、神から離れようとする衝動をひそませているのです。それも神を知りつつも、裏切りを感じつつも、なのです。私がこの古い衝動をあなどることのありませんように。

あのイスカリオテのユダも、格別な怪物ではありませんでした。常人でした。それも、主イエスと日々交わりながら、日頃つづけていた悪のために、ふと、そこをつけ込まれて、すっかりサタンの子となってしまったのでした。

世間の犯罪の多くも、そのような実状と聞きます。くれぐれも私が罪の引力の強さをあなどらず、霊的な武装をいつもしていることができますように。

4月

4月1日

私の愛する方は私のもの。（雅歌二・一六）

恵み深い神さま。鳥が歌い花咲き乱れる四月に入りました。春もたけなわとなります。桜、桃、杏《あんず》、梨がそれぞれ紅白の花をつけ満開となります。美しい、希望に満ちた光の中に、生涯に百度とはない、この季節の喜びを存分に味わいたいと存じます。

そして、この私の心の中の春の庭に主をお招き申しあげたいと思います。

「北風よ、起きなさい。南風よ、吹きなさい。私の庭に吹いて、その香りを漂わせておくれ。私の愛する方が庭に入って、その最上の実を食べることができるように」（雅歌四・一六）。

今日の私の喜びも、ひとえに救い主の恐るべき犠牲あってのことです。その主を私の心の庭にお迎えして、楽しんでいただきたいのです。主イエスさま、ありがとうございます。あなたなくして、この春はありませんでした。

4月2日

復活はないと言っているサドカイ人たち……。（マルコ一二・一八）

全能の御父よ。私は聖書の中で、天使の存在も、霊魂の存在も、復活も、死後の審判も信じなかったサドカイ派がいたことに注目させられます。

たとえ多数派ではなかったとしても、当時の教養人であり、高位、高官を占め、大祭司をも輩出した彼らでした。それが、超自然的なことを否定していたということは、今日のことと引き比べて、いろいろなことを考えさせてくれます。

天使、霊魂、復活、審判は、いわゆる科学以前の古代人の妄想、神話時代の人々のたわ言、という無神論者たちの常套《じょうとう》論法はこれで崩れるからです。むしろ、近代的とか現代的とかいう論議は、つまるところ古代の蒸し返しでしかないからです。

あなたを信ずるか信じないかは、古代も現代も差別なく、事実をまともに見るか否か、事実をありのままに認めるか否か、にかかっているのです。私が信仰に立つこと、それは時代を超えて永遠につながっていることなのです。

4月3日

たとえ、ご一緒に死ななければならないとしても……。（マルコ一四・三一）

救い主イエスさま。強い時には弱く、弱い時には強いという真理を、私が体得できますように。あのシモン・ペテロの醜態は百万言にまさって、私の強さをくじいてくれます。「たとえ皆がつまずいても」とか、「主よ。あなたとご一緒なら、牢であろうと、死であろうと、覚悟はできております」と胸を張ったペテロは、自分のことばに自分で感激し、涙ぐんでさえいたでしょう。鶏が鳴く前に三度否むだろう、というあなたのおことばなど、不当・無礼だとして目をむいたことでしょう。

けれども、この経験がどんなに彼の霊魂を耕したことでしょう。そして、あの大言壮語の最中、すでに自分の卑怯な心を見通しておられたのに、なお捨てず、排さず、導いてくださったあなたの底なき御愛に感泣《かんきゅう》したことでしょう。だからこそ、私もあなたの弟子としてありうるのです。

アーメン。

4月4日

進むべきです。（ピリピ三・一六）

天にまします父よ。私は現状に安住し、このまま、ここにハンモックをつって居眠ろうとします。

今までの進取の気性も、なえしぼみ、ひたすら安穏《あんのん》を求めて、怠惰と腐敗を招き始めます。聖王ダビデにして、あの奈落の底に落ち込んだ恐ろしい経験を持っています。

どうか、私にいつも前進の気がまえを恵み続けてください。一歩でも半歩でも、地上に許されるかぎり、信仰の佳境に食い入り、にじり込み、突撃する心を注ぎ続けてくださいますよう。

現状を後にして歩を進めるには、必ず苦汁《くじゅう》が予想されます。それがいやさに、手をふところにしようとするとき、戦った者、前進しえた者にのみ、許される爽快《そうかい》さがあることを教えて、お導きください。

4月5日

疑う人は、風に吹かれて揺れ動く、海の大波のようです。（ヤコブ一・六）

主権者にましますす神よ。
私は、舵《かじ》を失った舟か、しっぽの切れた凧《たこ》のように、さまよい、めんくらいます。そんな私を捕らえてください。あるいは、悲しみという錨《いかり》で引き止め、責任という負担で正常にもどしてください。

そしてあなたが、わたしのくびきを負えば安らぎが来ますと言われた意味を、また、自分の十字架を負ってついて来なさいと言われた意味を、経験の中で理解することができますように（マタイ一一・二九、一六・二四）。

そのくびきの重さ、十字架の重さこそ、人生に重みをつけ、姿勢を安定させ、着実に進歩させてくださる深い知恵の賜物なのだということを知らせてください。

4月6日

その人は多くの実を結びます。（ヨハネ一五・五）

いのちの神よ。草木は大地の潤いに根づいてこそ、葉は緑、花は紅、果実は黄金に実ります。どうか私の霊魂が恵みの大地から引き抜かれ、見る見るうちに、なえて、ひからびて、惨めなものとなり果ててしまいませんように。

どうか、天来の甘露をもって、私の霊魂のすみずみまでも潤し、生かしめてください。

あのさなぎを脱したばかりの蝶のなえた哀れな羽に、血液が流れ出して血管が広がり、世にも美しい羽が扇のように広がって舞い出すように、私の霊魂の血管に天よりの御霊の血がトクトクと流れみなぎって、信仰の翼をピンと張り、天に舞い出すことができますように。

4月7日

彼らに息を吹きかけて……。（ヨハネ二〇・二二）

あわれみ深い神さま。私の愛は風前のともしびのように、ふらふら、ちらちらと揺れては、危うい有様を呈します。しかし、あのバプテスマのヨハネは、「燃えて輝くともしび」（ヨハネ五・三五）と言われました。

私も、信仰を告白したとき、盛んに音を立てて燃えていました。それが、なぜこのように炎も低く、熱も弱くなってしまっているのでしょう。

あなたの息吹をください。あなたの霊の息吹によって、私の心の愛のともしびは燃え上がらなければなりません。また燃え続けていかなければなりません。

私ばかりか、私の家、私の町、私の国を照らし、熱くして、私は燃え上がらなければなりません。私の愛のともしびが酸素欠乏となりませんよう。あの復活の夕べ、ほとんど消えたかに見えた弟子たちに「聖霊を受けよ」とかけたもうた息を、今日私にお与えください。

4月8日

さらに地の果てまで……。(使徒一・八)

恵みあまねき天の父よ。この同じ時に、あなたに祈りをささげている兄弟姉妹は何人いることでしょう。それは、赤道を越えて、氷の山にも、砂原にも、海の船上にも、また空飛ぶ機上にもいることでしょう。

私は、ここに居ながらにして、祈りをささげることにおいて、それら世界中の友と交わる果報者です。あなたにおいて展開される、この精神世界の壮大さに、胸もふくらみます。

まだ、伝道を禁じられている国があります。名目上許されているとはいえ、現実には圧迫されている国もあります。私はひとりで祈りながら、そういう国で苦心している兄弟姉妹たちの、必死な祈り声を聞きます。どうか、それら主にある同胞の熱い祈りを聞きあげてください。私の祈りも、その兄弟たちの祈りに合わせてお用いください。

4月9日

私たちの日ごとの糧を、今日も……。（マタイ六・一一）

いつくしみ深い主イエスさま。日々の糧を感謝いたします。あなたに従ってから今日まで、私に必要な糧は必ず与えられてきました。あなたの御前における私の歩みは、貧の極みであるのに、私の米びつは欠けることがありませんでした。

あなたは、教えてくださった主の祈りにおいて、まず御名のため、次いで御国のため、そして御心のためにと、天を指されましたが、その後、私たちの足もとを指されるや、「日ごとの糧を」と、ずばり私の食事・私の胃の腑《ふ》の必要に触れたまいました。なんとも現実的、あまりにも現実的なご配慮のほどに手をつきます。

みことばを慕って集まった数千の群衆の空腹にまで心を砕かれ、それを満たさなければ帰さないという、そのお心のゆえに、私の地上の生命は支えられます。一椀《わん》の飯《めし》、一杯の汁に、身近なあなたのご臨在を覚えて、これをいただかせてくださいますように。

4月10日

この花の一つほどにも……。（マタイ六・二九）

愛しまつる主イエスさま。この春の日を、この春の風物を、あなたにあって愛《め》でて暮らしたく願います。

ただに、鳥の歌声を喜び、花の美を楽しむだけでは足りません。空の鳥を見て、蒔《ま》きも、刈り入れも、倉に納めることもしないのに、これを養いたもう天の父は！　と目を天に向け、野の花を見て、働かず、紡がないのに、そして、あすは炉に投げ込まれるというのに、これを美しく装われる天の父よ！　と賛美するほどの者であらせてください。

それでこそ、主にあるわが世の春をうたうというものです。いつの頃からか、春を二段がまえで祝い、見ゆる自然の世界の春とともに、見えない神の世界の春を楽しむ者となったしあわせを今日も抱いて、あなたの御名を何度もお呼びします。

4月11日

見えないものは永遠に……。（Ⅱコリント四・一八）

全能であられる主よ。つい先日貼り出した暦は、もう日焼けして古び、ようやく念願かなって手に入れた衣装も、日々流行遅れとなっていくのを、どうすることもできません。

万物は、例外なく、いつしか垢《あか》じみ、ほこりまみれとなり、古びていきます。生の仲間は死の仲間に変容していきます。

しかし、私の信仰は、そうでありませんように。地上の暦は遠く過ぎ去る日々を嘆くものですが、天を目ざす暦は輝かしい日の接近を告げて、いよいよ精彩を放ってくるものです。外にまとう衣装は日々色あせていくとも、内にまとう義の衣は、いよいよ純白の度を加えて輝きます。この外なるものは破れるとも、内なるものは日々に新しいという奇跡に驚く心を感謝します。

4月12日

聖書はあなたに知恵を与えて……。（Ⅱテモテ三・一五）

ご慈愛深き父よ。聖書を感謝いたします。あなたは、消えてなくなるお声だけで啓示されませんでした。きちんとした文字で、十分かつ正確にみことばを残してくださいました。それも、何々すべからず、何々すべし、といった無味乾燥な箇条書でなく、人事百般、あらゆる人間の生態、人生の苦楽、現実の生きざま・死にざまの明暗の中に、生々しく御心を語ってくださいました。それゆえに、こういう時にはこうする、という好範例を私は持っており、こういう時にこうあってはならない、という悪い見本も持っていて、具体的に指導を受けることができます。

ねんごろな、あなたのご配慮です。驚くべき知恵深い、あなたのご采配です。今日も、この聖書を手にして、どんなことが起ころうとも、対処すべき方策に事欠きません。聖書を、そして聖書を与えたもうたあなたの御心を感謝いたします。

4月13日

絶えず祈りなさい。（Ⅰテサロニケ五・一七）

真の救い主なる神さま。日頃、祈りを怠って、嘆きや泣き言ばかりもらしていると、間一髪の時、いざという時にも祈りの刀は抜けず、恨みつらみしか口に出ないことでしょう。

ことごとにあなたに祈ること、時を問わずに祈ること、何事でも、いつでも祈ること。それを使徒が勧めるゆえんです。祈ることは、あなたに近づく最上・簡便の道です。自分をあなたの子として意識する最善・有効の策です。

祈ることは、一切のよきものがただあなたから来ると銘記することであり、あなたが私を覚えていたもうことを確認することであり、私には最大の守り手がいたもうことを内外に宣明することなのです。

私が手を合わせ、ひざまずく姿は、私が壇上で獅子吼《ししく》する時や、盛装して人前に立つ時よりも、もっと晴れがましく、栄えある姿なのです。今日も祈ります。

4月14日

友はどんなときにも愛するもの。（箴言一七・一七）

慕わしき父よ。

あなたは、私に何人かの貴重な友達を恵んでくださっています。両親にも言えない悩みを打ち明け合い、慰め合う友がなかったら、私はどんなに心もとなく、味けないことでしょう。この友情という賜物を貴ばせてください。私がこの絆《きずな》を傷つけたり、汚したりすることのありませんよう。友情の枠を乗り越えて、これを荒らしたり、壊してしまうことのありませんように。その喜びを存分に享受するとともに、守るべき節度をわきまえて、生涯の光栄とさせてください。ヨナタンとダビデ、エリサベツとマリア、バルナバとパウロのような、後々の兄弟姉妹たちにも、さわやかな感動を覚えさせるような友情をもって、この地上の生涯を香《かお》らせてください。

4月15日

ある人たちはあざ笑ったが、ほかの人たちは……。（使徒一七・三二）

主なる神さま。

パウロの行く所、必ず風雲が巻き起こりました。眠っていた会堂は目を覚まされ、蜂の巣をつついたように、上を下への大騒ぎとなりました。昨日まで席を並べて居眠りし合っていた仲間の間にも、画然と一線が引かれて、相対することになりました。イエスをキリストと信じるか否かで、左右に分かれました。

私が行く所で、何かの騒動が起こることを悲しませないでください。それこそ、神が与えてくださった機会です。今まで、半ば腐っていたところに、神のいのちが進入したのです。当然動きは出るはずなのです。そのいのちにくみする者と、なお腐ろうとする者との分裂です。

私はキリストの香りを放って、ある人には死に至らせる香りとなり、ある人にはいのちに至らせる香りとなるのです。その香りを恥じませんように。

4月16日

私の目を開いてください。（詩篇一一九・一八）

天地の主よ。あなたのみことばは、すべて金銀珊瑚《さんご》なのでしょう。あなたのみことばなのですから。恨むらくは、私にそれを認め、愛《め》ずる眼力がないことです。

私は物知りになりたいと思います。博士でありたいと思います。そのために、読み、聞き、書きます。けれども、他の何を知ることにおいて豊かであろうとも、聖書を開いて、そこに黒い活字の染みを見つめるだけであったとしたら、なんとも無念なことです。

みことばの深い読み手となること、そこに、まことの神をおそれ、たえなる摂理の内容をつまびらかにし、私のような者がいかに愛されており、私がどのように導かれているかを知るにまさる喜びは、ほかにないはずです。

どうか、聖書を開く私の目をこそ開いてください。そこに横たわっている宝石の鉱脈を見、目を輝かして、つるはしを打ち込む者とさせてください。

4月17日

人のうちに何があるかを知っておられ……。（ヨハネ二・二五）

全知なる神さま。私の心の中には、自分の真意が誤解されて、弁明の機会も得られずに、いつも胸が痛むことが幾つかあります。また逆に、私自身が他人を不当な先入観によって誤解しているあれこれのことを思いついて、心が裂かれます。

しかし、義なる神さま。あなたこそは、すべての人の心の動機も、意図も、計略も、百パーセントご存じであられます。いや、当人でも気づいていない隠れた魂胆《こんたん》まで見通しておられます。人が無意識に白を黒と見まちがえたり、あるいは故意に黒を白と塗り込めようとも、あなたの御目には、黒は黒、白は白と、あらわです。

そのあなたの全知な御目が私の中に燃え続ける焦慮《しょうりょ》や怒気《どき》の炎を冷やして、おまかせできるよう導いてくださいます。また、私の中に頭をもたげる偏見や、うその芽を枯らして、主をおそれるよう導いてくださいます。この主により頼み、この主をおそれて、私の心の平静を確かなものとし、敬虔を一層みがいてゆけますように。

4月18日

私はすべてを損と思っています。（ピリピ三・八）

贖い主イエスさま。私はあなたにいのちをかけたときに、多くのものを捨てました。もっとも、それはあなたがお捨てになったものと比べたら、顔から火が出るほど恥ずかしいものでしたけれども。

しかし、捨てて顧みることなどすまいと思っていたはずなのに、いつしか、それを惜しむ気が起きて、捨てたものを数え、失ったものを残念がることを恥ずかしく思います。そこに信仰の呼吸の乱れが生じ、信仰の歩調の遅れが出てきます。主よ、あなたの飼葉おけを、あなたの十字架を、あなたの墓を、私の念頭に置いてください。あなたが捨ててくださったものを見つめさせてください。

「主はいのちを与えませり。主は血しおを流しませり。その死によりてぞ、われは生きぬ。われ何をなして、主にむくいし」（『讃美歌』三三二）と、自分自身に向かって歌わせてくださいますように。

4月19日

朽ちない冠を……。（Iコリント九・二五）

統べ治めたもう主よ。歴史は時々刻々と進められて、世紀末となっています。いつなのでしょうか、御国の来たる日は。御旨の成る時は。救い主と面と向かえる日は。

もとより、その日を迎えることは一種の緊張でもあります。その日、その時、いさぎよい心と、手とを持つ者としてあることができますよう祈らされます。

白い義の衣を着て、賛美のしゅろの葉を振りかざし、天使たちと頌栄を歌いかわし、競い合う、という夢のような日。そして、主イエスご自身に涙をぬぐわれるという信じがたい時。その輝かしさ、その栄誉を思ったら、この世の、これ見よがしの栄耀栄華《えいようえいが》などは、太陽の前のホタルの光にしか見えません。

今しばしの世における苦難も、あなたにある永遠の安息の案内役であると思えば、また楽しです。

4月20日

救われる人は少ないのですか……。（ルカ一三・二三）

主イエスよ。キリスト教に好意を持つ人たちは、キリスト教文明の強大なのに比べて教会があまりに少数者であるのに首をかしげ、どうして救われる者は少ないのかと質問を発します。伝道に熱心なキリスト者も、真の教会が微弱にとどまっているのを苦しんで、同じ質問をあなたに突きつけます。

しかし、あなたはこれに、否とも応とも答えられず、「ただ入ろうとしても、入れなくなる人が多い」と言われます。まさにそのとおりです。

そして、質問する者に面と向かい、指さして、君自身「努力して狭い門から入れ」と直言されました。主イエスに投げたはずの爆弾は、わが足もとに投げ返されて炸裂《さくれつ》するのです。対岸の火事ではなかったのです。他人事ではなかったのです。救いは私自身のことだったのです。傍観者ではありえないのです。おのれの救いを確立させてください。

4月21日

約束の聖霊によって証印を押されました。（エペソ一・一三）

私の城、私の盾であられる神さま。

あなたがお与えくださった聖霊は私の心中にも住みたもうて、いつも私を充実させてくださっています。

とかく干からびがちな私の心を、霧のように潤してくださるかと思えば、燃え上がる炎となって、私の不純な思いをたちまち焼き払って、私を恐れさせ、かと思えば春風のように私を和《なご》ませてくださいます。

そして、この私の内に住みたもう御霊こそは、やがての日の約束の証印であられるのです。この聖霊の息吹、温かさ、鼓動こそ、私が神の国を受け継ぐ者であることの保証です。

私が、もっともっと私の身と心を御霊に明け渡して、存分に働いていただくことができますように。

4月22日

無理やり背負わせた。（マルコ一五・二一）

救い主イエスさま。何が幸いするかわかりません。一世一代の不名誉と思われることが、後になってみると千載青史《せんざいせいし》に残る光栄となっていることがあるのです。子々孫々に至るまでぬぐえない屈辱と思われたことが、家門を輝かすことになることもあるのです。あのクレネ人シモンが何よりの証人でした。

せっかく、辺境クレネから都もうでに上って来たこの田舎者は、ローマの獄卒の格好のなぶり者とされて、世にも恐ろしい十字架を、犯罪人の身代わりにかつがされたとき、自分の運命を呪って、どんなにかわなないたことでしょう。

都もうでの晴れがましさは、一気に恐ろしい侮辱となって顔色も失せたことでしょう。けれども、それがメシヤの贖罪の十字架であったことを知ったとき、彼は妻子とともに光栄にうちふるえました。わざわいが幸いとなり、不名誉が栄誉となるという、逆転の論理を今日は考えさせてください。

4月23日

西に雲が出るのを見ると……。（ルカ一二・五四）

天にましまます神よ。私は行きあう知人とのあいさつにも、天気の具合を言いかわします。商人は商売のため、主婦は洗濯のため、天気を見立てます。少しでも有利に、少しでも有効にと、しるしをうらなうのです。

しかし、明日の、あるいは一月後の、一年後の空模様を予測して得意になりながら、一年後、一月後どころか、明日かもしれないもう一つの空模様を、どうして見分けることができないのか、という主のおことばには、首をすくめます。

西空ばかりか、東にも、南にも、北にも、それこそ庭前の無心のアーモンドの枝、台所でひとり煮えたつ釜、道端で揺れるいちじくの葉にさえ、最も重大な時のしるしが見られるはずなのに……。

この無感覚、無神経、無関心が残念です。どんな霧の中でも、どんなに疲れている時でも、「主だ」と直感したヨハネにあやかる者としてください。

4月24日

うしろのものを忘れ、前のものに向かって身を伸ばし……。（ピリピ三・一三）

救いの源であられる天の神さま。時間は切れ目なく流れて進みますが、あなたの救いのみわざにも遅滞はありません。いわば時間は、そのせいせいと進められるあなたのみわざの白い波頭と見えます。

私がこうして祈るうちにも分秒を刻む時計の音に、私の救いは着々となされているのだと思うと、私自身、安逸《あんいつ》をむさぼれません。

主イエスは、「今日も明日も、その次の日も進んで行かなければならない」（ルカ一三・三三）と言われ、真っ先に立って行かれました。私も、主に先立つことはできないとしても、その背中にくっついて、遅れず従って行けますように。

使徒パウロも、目標を目ざして一心に走りました。神の栄冠を得るため、最後の一息まで。今日も、兄弟姉妹たちがそれぞれの姿勢で走り進んでいるのが見えます。私も遅れをとることなく、今日の道程を走破いたします。

4月25日

切って捨てなさい。（マタイ五・三〇）

聖なる主よ。

手足を切り捨て、目をえぐり出してでも、という恐るべきおことばが、私を時々ふるわせますように。そして、よどんでは腐敗し始める私の霊魂を揺り動かし、驚倒させてくださいますように。

あれもこれもとつかんでは、抱え込むタコかイカのように、いつの間にか増え広がっている私の手足。さては、右顧左眄《うこさべん》し、日和見《ひよりみ》にいとまなくして、風見鶏《かざみどり》になっている私……。

昔、おのれのももに錐《きり》を突き刺して眠気と戦った修行者も、打座《だざ》して髀肉腐爛《でんにくふらん》した求道者も、われとおのれのひじを断ち切って入門を請うた出家者もみな、思わず呼吸《いき》をもらす痛烈な主イエスの警策《きょうさく》をまともに受けて引きしまり、おのが十字架を正す必要を私は覚えます。

4月26日

私は罪深い人間ですから。（ルカ五・八）

あわれみの父よ。私は、日一日と増し加わるあなたの聖なる光の中に進み入ることを、大きな喜びとしています。それは、なんと、柔らかく、美しく、かぐわしい光でしょうか。けれども、その反面、その輝きを増す光の中で、今まで気づかなかった自分の罪の染みや咎の傷が見えてくるのが悲しくなります。この二重の感慨に手を合わせます。

どうぞ私の源を清めてください。私の霊魂の泉の底に聖《きよ》めの御霊を住まわせて、清めてください。そして、これ以上、罪や咎の汚れをふやすことのないよう努める性質を強めていってください。

それも、やがての日には、私になお残っている染みや傷を、ご自身のご栄光で輝かせて、私の恥を賛美へと変えてくださいますように。

4月27日

主も、あなたの罪を取り去ってくださった。（Ⅱサムエル一二・一三）

聖なる神よ。人の信仰の質というものは、罪を犯してしまった時にわかります。隠したり、ごまかしたり、言いくるめたり、もっともらしく、なし崩しにするような振舞いに及ばず、素直に告白し、赦しを請うて、贖いを信じることです。

あなたの愛する弟子ヨハネは、「もしだれかが罪を犯したなら、私たちには、御父の前でとりなしてくださる方、義なるイエス・キリストがおられます」（Ⅰヨハネ二・一）と明言しました。なんという率直な素直な宣明でしょうか。

たとえ隠しに隠し、ごまかしにごまかしても、最後に発覚したら、その時でもよいから素直さを忘れませんように。悪あがきをしませんように。自ら勝手に処理しませんように。ユダのように、良心的であるかのように見えて、実はあなたの赦しを信じない不信仰から、自分で自分をさばくことなく、むしろダビデのように、「私は主に対して罪を犯しました」と訴える素直さを最後まで忘れませんように。

4月28日

非常に多くの群衆がみもとに集まった……。（マルコ四・一）

主イエスさま。あなたはいつも安息日を会堂で守られました。たとえ、そこが霊的に高められた会堂でなくても、必ず出席され、霊とまことをもってする礼拝をささげて、人々にその宗教をお分かちになられました。

週日も、あるいは茅屋《ぼうおく》の中で、あるいは青天井の下で、あるいは舟の上で、自由自在の形をとりながら、人々とともに過ごされました。

孤立独善は主イエスの気風ではなく、天上天下唯我独尊は、その立場ではありませんでした。いわゆる光を和らげてちりに同ずる〝和光同塵《わこうどうじん》〟こそ、主の建前でした。

私の中には、とかく独善を気取る悪癖が潜んでいます。そのくせ、実は独り悪に傾くのです。山中深く祈りの時を持つとともに、常に人々の間を往来された、あなたの証人としての生き方を銘記する必要のある私です。

4月29日

人にほめてもらおうと……。（マタイ六・二）

救い主イエスさま。あなたが最もきらわれる一つは、偽善でした。偽善は人間につきものの重病です。人間独得のいやみです。人間固有の臭味です。

鳥は無心に歌い、犬は自然に跳ね、猫は気兼ねなく背伸びをし、花は咲くべくして咲き、雨は降るべくして降ります。それをどうして、人間は率直でなく、ありのままでなく、わざとなのでしょう。

レギナルド・ヒーバーのうたった歌の感があります。（『讃美歌』二一四番）

めぐみの露は　草木にすら　ゆたかにかかり　天つさかえ
野にも山にも　みちわたるを、などか人のみ　罪に染みし。

えてして、盛んに無心、無欲を口にする者の心底にうごめく虚栄の影。さては臨終の辞世にすら、におう見栄の亡霊。どうか、この重病と懸命な格闘をさせてください。

4月30日

小心な者を励まし……。（Ｉテサロニケ五・一四）

天にましますます御父よ。こうして、四月の旅路を閉じることになります。天地も面目一新したような晴れやかな四月も、明日は消えていきます。

どうか、この四月の新年度に新しいあかしの場に出《い》で立った兄弟姉妹たちが、無我夢中で過ごしただろうこの一月《ひとつき》の体験の中から、珠玉のような教訓を体得してたくましくなられますように。ことに、この一月の間、ここまで守ってくださった、黙々として頼もしい、目に見えないお方の支えを今一度振り返り、確かめて礼拝させてください。そして、渦中《かちゅう》にあっては、目にも入らなかった恵みのほどを一つ一つ数えあげ、そのあまりにも多い恵みに首《こうべ》を垂れさせてください。

四月の主よ、今日、有終の美を飾らせてくださって、明日へのよき掛け橋とさせてください。

5月

5月1日

そのときには顔と顔を合わせて……。(Ⅰコリント一三・一二)

いつくしみ深い神さま。若葉もえる五月のいのちを抱いて御前にぬかずきます。もとより、いつまで許される地上のいのちかは、私の知るところではありませんけれども、あなたの御あわれみと御いつくしみの尽きざるによって、いささかでもみわざに励めよと、この新しい月に臨ませてくださったことを信じます。

最後の一時、最後の一息まで、身に受けた広大なご恩にこたえるご奉仕に当たらせていただき、時至れば、素直にみもとにまいりとうございます。そして私の理想は、「よくやった。良い忠実なしもべだ。おまえはわずかな物に忠実だったから、多くの物を任せよう。主人の喜びをともに喜んでくれ」(マタイ二五・二一)と、御国の門口で言われることです。

その時まで、なお許される今のいのちを心して用いる生きがいを、鮮やかに覚えて、新緑の五月の歩みに進ませてください。

5月2日

主は私の羊飼い。（詩篇二三・一）

慈愛の御父。

あの百戦百勝、獅子《しし》も熊も、そのひげを引っぱって引き裂く武勇に満ちた勇士の中の勇士ダビデが、御前にぬかずくときには、まるで、別の生き物のように小さくうずくまり、首をうずめて、一匹の祈り虫となりました。それも、自分は一匹の無力な羊です、と告白して。

彼のような力量も、才覚も、筋肉も持ち合わせていないのに、虚勢を張っては、強いぞ、賢いぞ、と気取ることのなんと身分不相応なことでしょうか。

いかなる戦いの場合でも、御前では鎧兜《よろいかぶと》を脱ぎ捨てて、緑の牧場に草をはみ、いこいのほとりに水をなめて、メーと鳴く一介の羊と化したダビデの身軽さ、愛らしさ、素直さが、たまらなく魅力的です。主よ、私にも彼のような心根を。一個の羊としての、愛らしさとしあわせとを、味わわせてください。

5月3日

御子イエスの血がすべての罪から私たちをきよめてくださいます。（Ⅰヨハネ一・七）

聖なる神さま。私も聖《きよ》められて、心の水が澄めば澄むほど、心の底に転がっていた罪咎のガラクタがますます見えてきて、自分という者の本性に青くなります。そして、神は本当にこんな私と知って救いたもうたのであろうか、と思案します。

まさか、こんなに罪咎だらけの者とは知らなかったと言われて、私をお捨てになるのではないか。もしそうされたとしても、文句のない私です。

信ずれば救われる、ということは確かです。贖いは完成しているということも知っています。けれども、これほどの罪咎でも、お赦しになるのですかと、あなたにぶつかります。神の赦しに自分の罪を真正面から衝突させます。

けれども、その対決の火花が散った瞬間、私の累々《るいるい》たる罪の山岳は、跡かたもなく赦しの海にのみこまれて、あわ一つ立てないのです。あなたの赦しの愛の果てしない広さ、底知れぬ深さには、ただ手を合わすばかりの私です。

5月4日

彼の顔の肌は輝きを放っていた。（出エジプト三四・三〇）

天の父よ。

世の中には光らしく見えて光でない光が、あまりにもたくさんあります。光とは名ばかりで、ますます人を迷わし、前途を見えなくし、霊の眼《まなこ》をうつろにしてしまう光の暗やみが幾重にも重なっています。

昼をあざむく繁華街・歓楽街や闘技場の大照明は、あなたの御目には真っ暗やみにしか映っていないことでしょう。

私が、それらの偽りの光に目を奪われて、悪魔のわなに落ち込まないように、あなたのまことの光を強く放って、私を導いてください。

いや、私一人が導かれるだけでなく、その聖なる光を私が反映して、周囲の同胞たちの助けとさせてくださいますよう。今この時、栄光を照らしたもうて、私を世の光としてお用いくださいますように。

5月5日

子どものように神の国を受け入れる者でなければ……。（マルコ一〇・一五）

常に新しき主なる神さま。私はいつも童心を抱き続けたく願います。わがままで幼稚な〝稚心《ちしん》〟は去りますけれども、無邪気で天真爛漫《らんまん》で、一切を信じ頼む〝童心〟は失いたくありません。

年齢とともに虚栄の竹馬に乗り、虚飾の三角帽子までかぶって、あなたとさえ競おうとするおごりには染まりたくありません。体験を重ねるにつれて、常識を振り回し、自分独りで立っているかのように振舞うがんこに固まりたくありません。

知識を積むに従って、分別臭く、人を愚者と見下して、神をも手のひらの中でもてあそぶような、高慢な天狗《てんぐ》の仲間になりたくありません。

年齢とともに、体験を豊富にし、知識を深め、教養を広め、識見を高くしようとも、幼子のような童心を失わず、かえって童心を育て上げて、あなたの子どもとなりきりたく存じます。

5月6日

彼は……傷んだ葦《あし》を折ることもなく……。（イザヤ四二・二、三）

わが主イエスよ。あなたは、私よりも私のことをご存じであられます。それは、私にとってどんなに心強いことでしょう。特に病苦にうめくとき、こんなに痛んでも大丈夫なのかと、恐怖に襲われることがあっても、これは主のよくよく知りたもうところなのだと思えば、決して恐怖に我を忘れてしまうことはありません。

あのヨブも、一時にすべての悪しき知らせを耳にしたとしたら、生きていなかったでしょう。しかし、あなたは一度にでなく、一つずつ順次ヨブに知らせて、それも軽いものから重いものへと一つずつ耐えていかせたまいました。

あたかも、葦を折ることなく。そのご配慮のほどがたまりません。やがて死と面と向き合うとき、私の本能は青ざめて、おののくことでしょう。けれども、そんな私の弱さを主はご存じなのだから、とわきまえることこそ安心の基です。最後まで主は手を貸したまい、永遠の国へお導き入れくださることを信じます。

5月7日

「主よ、主よ」と言う者……。（マタイ七・二一）

私の守り手にましますする神さま。私は、自分をしもべと呼びあなたを主と呼びながら、時として、これだけは自分の思いどおりにしたい、是が非でも自我を通したい、とがんばります。

玄関先まではあなたをお迎え申し上げても、奥座敷には相変わらず自我が主人然として、襖《ふすま》をたて、あなたを締め出していることがあります。

あのペテロは、主イエスに足を洗われたとき、「主よ、足だけでなく、手も頭も洗ってください」と、手と頭を差し出しました（ヨハネ一三・九）。

その熱心のほどを私にもお与えください。決して、あなたを私の口先だけの主としたり、指先だけの主とすることなく、文字どおり、全生活において主のしもべとしての私であらせてください。それこそ、私たちのすべてが聖霊の神殿でありますよう（Ⅰコリント三・一六）。

5月8日

真理の御霊が来ると……。（ヨハネ一六・一三）

まことの主なる神さま。いつでも浮わついた私が、あなたのせっかくの真実を汚すことのありませんように。

ことに、ふとしたことから友人に、あなたのご訓練が激しすぎるとか、ご教導が厳しすぎるとか、気やすく、自堕落な調子で口走って友人の心を苦くし、重大なあなたのご配慮を汚してしまうことが恐ろしく思われます。

決して、あなたの御心やみわざに垢《あか》じみた手で触れたり、つばきを飛ばしたりして、自ら審判を招くことのありませんよう。

ご摂理が理解できた時には感謝を注ぎ込み、わかりかねる時には、つつしんで時を待つ敬虔さをお恵みください。こんな無知な者に、全知なあなたのはかりごとを理解する時を、もう少しお貸しください、と祈って。

5月9日

エルサレムから開始して……。(ルカ二四・四七)

愛そのものにましまます主よ。私はどうしても、意地悪くあたってくる人を愛せないのを苦しみます。憎んでしまうのです。その人の救いを願う心に欠けるのです。

けれども、そういう時に、主イエスに現れたあなたの御愛がいかばかりなものかが切実にわかります。ご自身をあざけり、つばきし、たたき、おまけに釘《くぎ》を立てて、十字架につけた敵、殺害者のために身代わりの死をとげたもう、という聖愛。

そして、ご自分を信ぜず、十字架にかけた当のエルサレムを見捨てず、見捨てるどころか、罪の赦しを得させる悔い改めはエルサレムから始められるのだ、と宣明された、慈愛のふところの深さには礼拝のほかありません。

もしも世界に救われない町があるとすれば、まさにこのエルサレムであったのに、福音の救いは、第一にそのエルサレムから、と指示された、あなたの御愛の底知れなさにぬかずきます。

5月10日

学んで確信したところにとどまっていなさい。（Ⅱテモテ三・一四）

ご慈愛深い主イエスよ。あなたが実に忍耐強い教師であられることは、福音書におけるあの不《ふ》肖《しょう》の弟子たちを、よくぞ最後の最後まで愛想をつかさず、ねんごろに、手に手をとって教えたもうたことで知られます。

復活後も変わらず、なお四十日の間、現れて、神の国について教えたまいました。そして、その態度は今日も私たちの上に、同じであることを信じます。

私があなたに関心を持ち始めた、その最初の日から今日に至るまで、私はどんなにたくさんのことを教えられたことでしょう。御霊により、みことばにより、ご摂理によって。

家庭でも、学校でも、職場でも学びえなかった、あなたじきじきの教育による学びの貴さ！それを忘れてしまうことなく、しっかり身につけることができますように。

5月11日

人には自分の歩みがみなまっすぐに見える。（箴言二一・二）

私の主よ。私の願い、望みをあなたのもとにおささげいたします。あれもしたい、これもしたい、こうありたい、あってもらいたい、という思いの一切をみもとに置きます。

それらを、あなたの聖い御霊の炎のような吟味で、試し、選別してください。一見、美しいように見えながら、その中には、むくつけき毒虫がとぐろを巻いている願望があります。神の栄光のためという旗のもとに、自分勝手な悪心が傲然《ごうぜん》と控えていることもあります。いや、自分でも、うすうす気づいているのです。

どうか、私が大胆に、それらを投げ出して、御前で吟味を受け、ただあなたが選び直し、お残しくださったものを、そして、それだけを願い、求めさせてください。それこそ、「わたしの願うことではなく、あなたのみこころのままを」というゲツセマネの祈りを、懸命にとなえさせてくださって。

5月12日

たたく者には開かれます。（マタイ七・八）

愛にましますます主よ。

いくらあなたが私に祝福を与えようとしておられても、私の受け皿が小さくてはしようがありません。

私の不信仰の狭さが、いかにあなたの恵みをこぼしてしまっていることか。私の無関心という壁が、いかにあなたを当惑させてしまっていることか。

そして、私の怠惰というとびらが、腕いっぱいに祝福を抱いて訪ねてくださるあなたを締め出してしまっていることでしょうか。もったいないことです。

私の知っているあなたは、なんとも小さく、狭い一部であり、浅く薄っぺらなものでしかないことを感じます。

このへんでいいとか、このあたりでいいといった瀬踏みを思い切り、あなたの御ふところに飛び込んで、祝福の海の深さに歓声をあげる者でありますように。

5月13日

主はわが巌《いわお》　わが砦《とりで》　わが救い主……。（詩篇一八・二）

唯一の主にましますす神さま。私は地上の権力者に運命を託しません。権力者は自己の栄誉保存にきゅうきゅうとしており、その日その日のご都合によって約束をたがえてきたからです。

だからといって、私は民衆に自分をゆだねるものではありません。民衆は数多くして熱狂的です。それは海の波のような存在で、時の風のまにまに右往左往して、なんとも無責任です。きのう天使のようにホサナ、ホサナと歌って主イエスを迎えた民衆は、今日その舌の根も乾かないうちに、十字架にかけろ、十字架にかけてしまえ、とほえる野獣と化します。

私は一握りの権力者にへつらわず、さりとて、おびただしい民衆にもおもねりません。主よ、あなたです。あなたにあって私は帝国教や、民衆教という偶像教と訣別することを得ました。あなたこそ私の巌、私の砦であられるのです。

5月14日

大いに喜んで自分の弱さを誇りましょう。（Ⅱコリント一二・九）

救い主の神さま。

私の身体には生まれつきの欠陥があります。日頃はさほどではありませんが、時にはその苦痛がこたえます。これがなかったら、いやされたら、もっと自由に、心配なくご奉仕できるのだが、と考えます。

時には、この欠陥は、私が願っているほど、神が私を用いようとしておられない証拠と解されて、祈りの手も倒れます。そんなとき、私は、とても突き放された気持ちに沈みます。

けれども、あの大使徒パウロが終生の病を持っていたということが、私を励ましてくれます。彼がその肉体の刺《とげ》を積極的に恵みとしたことを学びます。そして、そんな体で彼があの世界大伝道を成し遂げたことに啓発されます。どうか、この欠陥を謙遜の王冠として、押しいただかせてください。

5月15日

あなたは　その翼の下に身を避ける。（詩篇九一・四）

私を守りたもう主よ。

あなたは、荒野で試みられたのをはじめとして、それこそありとあらゆる試みを経験されては、その一つ一つを退けられました。功名心を誘うもの、安易な心を引くもの、おじけ心を脅かすもの、虚栄心をくすぐるもの……。

試みそのものは、世にあるかぎりありますし、私の避けえないところです。試みられることは、主イエスも経験されたところでした。ただ、その試みに負けてしまってはなりません。

主よ、どうか、試みが近づいたときに、それを早く感知し、武装して、これを迎え撃ち、切り崩すことができますように。いや、自分の力により頼みすぎて格闘の末、負かされてしまうことがあります。何よりも、主の強大な翼のかげに隠れるすべを忘れませんように。

5月16日

私はあわれみを受けました。（Ⅰテモテ一・一六）

聖なる神であられる主よ。つくづく私の中には、あなたをお喜ばせするものは何もありません。私の中にあるもの、それはあなたを悲しませ、目をそむけさせ、要するに唾棄《だき》すべきものであることを思うと、首をすくめるばかりです。

もしもあなたが義なるお方でしかなかったとしたら、御目には私は一個のくず箱でしかなく、一基の墓のようなものでしかないに違いありません。

けれども、あなたは愛のお方、いつくしみの主、あわれみの霊として、そんな者をかき抱き、温め、みがき上げて、どれだけ光り出すかと熱心になってくださるのです。

つまらない路傍の瓦礫《がれき》をダイヤとし、捨てられ踏みつぶされた器を拾って宝石箱に仕立て上げて、喜ばれる主です。どうか私が自分のくだらなさに、意固地とならず、そのような御手におのれをゆだねて、みがき上げていただけますように。

5月17日

私たちの望みであるキリスト・イエス……。（Ⅰテモテ一・一）

万軍の主なる神さま。すぐに悲観に傾き、敗北主義に流れ始める私の霊魂を、せき止め、堅立させてください。

地の果てを、どす黒くいろどる暗雲に目を奪われて涙を流すとしても、天空にかかる虹に希望をつなぐことができますように。

また、白い牙《きば》をむき、口笛を吹きたてる波風に狂気してしまわず、そのただ中に静かに立たれる救い主の微笑を直視して、百尺の竿頭《かんとう》一歩を踏み出させてください。

そして、時にはキリスト者となって以来、閉ざされ禁じられた、あのことこのことに、やたらと感傷的になる私ですが、その時には失ったものでなく、与えられたものに目を注いで、その恵みの大いさに驚かせてください。

さらに、私の心の浅薄さと変わりやすさでなく、山よりも重く、動かないあなたのお約束に寄らせてください。

5月18日

どうして取り乱したり、泣いたりしているのですか。（マルコ五・三九）

全能の神さま。あなたを全能の神、大能の主とお呼びしながら、その告白とは裏腹な自分の現実を恥じ入ります。もう遅い、もはや手遅れだ、と心をこがし、その煙でむせぶとき、私はあなたが全能であられることを忘れてしまっているのです。

「お嬢さんは亡くなりました。これ以上、先生を煩わすことがあるでしょうか」という使者の急報は、その父ヤイロの心を一挙に崩壊させてしまうものでした。しかし、間髪《かんぱつ》を入れず発せられた、「恐れないで、ただ信じていなさい」という救い主のお声は、彼を支えました。

私にも、そのお声が必要です。そのつっかえ棒によって、再びあなたに期待を抱かせられ、あなたの大能に頼らされます。そして、今一度、あなたが全能の神にましますことを告白させられます。あなたが全能であること、その意味を一層実感させてくださいますように。

5月19日

私の家に来てお泊まりくださいⅰ……。（使徒一六・一五）

イエスさま。私は、心を開くだけでよし、とした頃がありました。しかし、やがて家も開かせていただく恵みを知りました。旅人のために、友人のために、知人の相談ごとに、疲れた人の休養に、時には病弱者の寓居《ぐうきょ》に、と。それは別の喜びでした。家の開放が、私の心の開放を一段と助けてくれたことは驚きでした。家族にも、キリストにあることの光栄と充実感とを教えてくれました。そして、ほかならぬあなたが私のために払ってくださっている御心が、いかばかりなことかを、わからせていただいています。

私の心の奥に主をお迎えしたように、私の家の奥座敷にも主をお迎えして、人々に主をお引き合わせする場所として活用させていただけますように。

5月20日

イエスは苦しみもだえて、いよいよ切に祈られた。（ルカ二二・四四）

救い主イエスさま。あなたがあのゲッセマネの園で祈られたとき、汗が血のしずくのように地に落ちたとお聞きします。その祈りの激しさ、真剣さ、いのちがけなことに私は責められます。昔の聖徒は祈りのうちに、しばしば絶息したと聞きます。また祈りの姿勢のために上着のひじが抜け、ズボンのひざが抜けたということを。ために、その部分を革にしたということも。同じ祈りといっても、それほどの祈りもあったのです。病気の友人のために祈りながら動悸一つ覚えず、求道者のために祈り、圧迫されている兄弟のことを祈って、汗一つ手に握ることのない祈りは、はたして祈りなのか。ましてや、血の汗を流して祈られたあなたのことを思って、涙一滴落とさないとしたら。どうか、私に感じやすい心、切実な願い、おのれを無にする志をお恵みください。

5月21日

私を強くしてくださる方によって……。（ピリピ四・一三）

天にまします父よ。

私は時として、あなたのご要求・ご命令に目を奪われ、目を回して、つぶやきます。こんな私に、そのようなことをせよとは、と。

しかし、そんな時の私は、いつも、あなたが私に賜った賜物を見るのにやぶさかなのです。あなたは決して、私にできもしないことを押しつけるような暴君では決してあられないのです。

どうか、私があなたのご要求を覚える以上に、あなたの賜物を覚える者でありますように。あなたが私に課せられる責任を目の前に置くとともに、あなたが私に託されたタラントを並べて見ることができますように。

きっと、その賜物は、驚くほどの力を蓄えたダイナマイトであるに違いありません。その力試しをしてみようと、心の腕まくりをさせてください。

5月22日

家は香油の香りでいっぱいになった。（ヨハネ一二・三）

栄光の主なる神さま。女の宝である高価なナルドの香油が贖い主に注がれたのを見たイスカリオテのユダは、文句を言いました。それも賢そうに。

私も、あなたにささげ物をする時、あなたの体である教会に奉仕する時、もったいない、どうしてそんなに、もっとほかのことに、いいかげんにしておいたほうが……、という声が心中にこだまします。

ユダの声です。賢そうな、それでいて自分でもたまらない臭気を発する声です。自分の用のためには惜しげもないのに、聖なる御用となると、急に損をするような気持ちほど情けないものはありません。

そんな文句もよそに、三百グラムもの香油を主の御足に塗り、自らの髪の毛でぬぐったマリアの顔のすがすがしさと、その場に広がった香りのかんばしさ、これこそ今日の私のものでありますように！

5月23日

私は……／御翼の陰に身を避けます。（詩篇五七・一）

主なる神さま。占い師バラムは、ろばが見る天使を見ることができませんでした（民数二二・二三）。同行の者たちは、使徒パウロに語りかけた復活の主を見ることができませんでした。私が真に見る目を持っていたら、至る所に、あなたのご臨在を見ることができることでしょう。ダビデは、迫害の鬼と化したサウル王に追いこまれ、息をころして目の前の洞窟《どうくつ》の岩肌を見つめているうちに、それが、なんと神の翼、彼をおおってくださる翼のように見えたのでした。岩肌の凹凸、亀裂《きれつ》は一枚一枚の羽毛に見え、それらから成る巨大な洞窟は、さながら巨大な鳥の翼と見えたのでした。ありがたいことでした。神の翼中にかくまわれて、心強しだったのです。私も、自分のまわりを囲むあなたの翼を見て、あなたこそ避け所と呼ばわる者であらせてください。

5月24日

目の見えない者たちが見、足の不自由な者たちが歩き、ツァラアトに冒された者たちがきよめられ……（マタイ一一・五）

贖い主イエスさま。福音書を読んで身につまされるのは、多くの病者、体の不自由な者の登場です。ツァラアトに冒された者、長血、中風、目の見えない者、耳の聞こえない者などの兄弟姉妹たちの境遇を目のあたりにすることです。

少々の見目形《みめかたち》、造作のことでふくれる者の心など、たたきつぶされてしまう衝撃です。謙遜にさせられます。顔色《がんしょく》なからしめられます。

そして、救い主イエスさまは、自分のような者にでなく、これら病気や体の不自由な人々にこそ向いて行かれるお方だと思い知らされるのです。

高慢な私。どこまでも満ち足りようとしない私の心。救いは自分だけのものと思い上がる私の態度。どうか、あなただけが与えられる慰めと励ましと祝福を、私のような者にでなく、それら兄弟姉妹たちにこそ、お分かちください。

5月25日

この方を恐れなさい。（ルカ一二・五）

天にましますま主なる神よ。

私はまことに恐るべきものを恐れず、恐るべからざるものを恐れる愚を演じます。実弾を知らずして、空砲に悲鳴をあげます。

すなわち、身も霊魂も滅ぼすことを得るあなたを恐れずに、過ぎ去ってしまう人間を恐れて、本末を違《たが》え、結果として、自分を滅ぼす危険があります。

人間など、数十年もたてば、だれも彼もあとかたなく消え去ってしまう者なのに。世の中の評判など、一年もたたぬうちに忘れ去られてしまうものなのに。そして、世界そのものにしたところが、ある日が来れば、吹き飛んでしまうのに。

まことに恐るべきあなたを恐れさせてください。その恐れも、破滅的な恐れではなくて、あなたの愛による救いの念からする、厳かな畏れを。

5月26日

敬虔に生きようと願う者……。(Ⅱテモテ三・一二)

最善をなしたもう主よ。

今日も、この真新しい一日を与えられました。何の染みも汚れもない白紙のような一日。私の残された地上の生涯の、大事な大事な一頁。

この一頁に筆を染めるにあたって、ひたすら念願することは、やはりあなたへの献身と精進です。昨日の頁に、つい落としてしまった染みや、一昨日に、我と自らつけてしまった汚れのことを再び思い返して、その失敗をくり返さないよう自重自戒させてください。そして、どうか、私の筆づかいを天使に助けさせてください。

その代わり、以前に美しく飾られた一頁のことを大切に検討して、その秘密をさぐらせ、今日も生かさせてください。この私の生涯という画集だけは、やり直しも、取り替えもできないものだからです。

5月27日

自分自身が失格者にならないように……。（Ⅰコリント九・二七）

主なる神さま。

私は醜い者で、自分のことしか考えないかと思うと、逆に隣人のことに熱狂して自分を滅ぼし、かえって隣人に迷惑をかける極端に走ります。先の場合は醜く、後の場合は愚かです。

そして、私が群れの役職にある場合は、後のほうの愚を警戒しなければなりません。隣の畑のことばかりおせっかいして、自分の畑を荒れ果てさせる恐れがあります。おのれを確立しないで、隣人を持ち上げることはできません。おのれを腐敗させておいて、隣人を清めることはできません。

あの大使徒パウロが「恐れおののいて自分の救いを達成するよう努めなさい」（ピリピ二・一二）と力説し、自分自身が捨てられる者とならないようにと、自らの体をたたいた真剣さを自分に突きつけて、今日という日にあたらせてください。

5月28日

私はその罪人のかしらです。（Ⅰテモテ一・一五）

永遠にましますで神よ。

あなたの光に照らされるまで、そしてあなたのみことばの鏡に対するまで、私は自分を見る目を持ちませんでした。朝、目が覚めた瞬間から、他人の悪をえぐり、隣人の不快を数え、世間の害をあげつらって日を送りました。

しかし、今は、自分の目の前にぶらさがっている梁《はり》の、あまりの大きさに息をのんでいます。私があなたに捕らえられてよかった最上は、この内省の目です。

時として、人を指さす指が、その数倍の力をもって自分を指弾《しだん》してくるのを感じます。ふと人に投げつけた悪罵《あくば》の爆弾が、むしろはね返ってきて自分の足もとで爆裂するのを覚えます。

こうして、自尊の化け物だった者も、私は罪人のかしらです、と告白する者となりました。このことのゆえに、私は生まれてきてよかったと、つくづく思うのです。

5月29日

この巻物を食べ、それで腹を満たせ。（エゼキエル三・三）

啓示の神さま。あなたは大変なことをお命じになりました。巻物を食べよ、と。表にも裏にも文字が記されている巻物を食べて、腹ごしらえをせよ、と！

エゼキエルがそれを食べたとき、それは彼の口の中で蜜のように甘かったのでした。みことばを見ているだけではならぬ、みことばは読むだけでもならぬ、みことばは味わわなければならない、いやみことばを自分の血肉としなければという、あなたのメッセージが聞こえてくるようです。

それにしても、みことばを食らえ、みことばで腹ごしらえをせよとは、なんとも驚異的な仰せようです。いつも私を興奮させます。

聖書をアクセサリーとする者の不憫《ふびん》さは言うに及ばず、聖書を瞳に映せば、あとは何も残らぬ者の不明さが叱責されます。日々のみことばを、おのれの血となし肉となすというイメージに導かれますように。

5月30日

あなたは生ぬるく……。（黙示録三・一六）

主イエスさま。あなたは、正しくない、間違っている、と言われるばかりか、不愉快だ、と言われます。

正しくない、と言われる場合は、まだお答えすることもでき、善後処置を講ずることができますけれど、君は不愉快だ、と言い切られては、何とも体面が立ちません。

もし私が、天使たちの面前で、そのように言われたとしたら。身が震えます。そして、主よ、あなたが不愉快に感ぜられるのは、熱くもなく冷たくもない、なまぬるい信仰でした。

冷たいか、熱いか、いずれかであれ、という叱声が、私を目覚めさせてくれます。熱くも冷たくもないので、私の口から吐き出そうと言われるあなたの不愉快なお顔が面前に迫ってきて、私の惰性的、習慣的な信仰生活はたたき起こされます。

5月31日

キリストは常に真実である。（Ⅱテモテ二・一三）

贖い主イエス・キリストよ。美しい新緑の五月は今日で終わります。毎日毎日、あなたとお話しして過ごしてきたこの月の旅路の御守りを、そのご忍耐とご寛容のほどを覚えて、頭を下げます。

あなたの背負われた十字架とは比べものにならぬほど、小さくて軽い自分自身の十字架を、重い重いとつぶやき、途中でほうり出してしまおうと思い、そのたびごとに、あなたの御心を悲しませたことが、いたく思い出されます。

すみません。どうしてこうも情けない弟子なのか、と自分の足もとを見つめます。それにもかかわらず、黙って導いてきてくださった、あなたの御愛。それが胸に迫ります。

この月も、あなたが真実であられることを告白し、頌栄して終わります。そして、御自ら私の不埒《ふらち》な涙をさえぬぐってくださるあなたの御愛に、手を合わせます。

6月

6月1日

これによって鍛えられた人々に……。（ヘブル一二・一一）

最善をなしたもう御父よ。

この新しい月の第一頁を開けるにあたり、私は心します。この月が決して私にとって、よいことばかりの月でありませんように、と。

私は、なお未熟です。あなたが完全なように、完全である、という大目標には程遠い駆け出しです。神の国に入る者の浴びるべき患難の洗礼に足らず、主の弟子として仰ぐべき苦杯もわずかしか重ねておりません。

私には訓練が必要です。もっと、自分の弱さを知ることが必要です。この肉に悲鳴をあげさせなければなりません。

主よ。この月を、私にとってうれしくないものとしてくださってかまいません。まことの御父として、雄々しくあれ、腰ひきからげよ、と叱咤して、私を鍛えてください。そしてこの月が終わる時には、あなたの精強として立つ者でありますなら。

6月2日

彼は以前からしていたように、日に三度ひざまずき、自分の神の前に祈って感謝をささげていた。（ダニエル六・一〇）

天地の主なる神さま。あなたのしもべダニエルは、捕囚の地でのあかしめでたく総督、長官に抜擢されました。けれども彼は、廃墟と化している遠い故国を忘れない愛国者でした。それにも増して、彼は日に三度は、自宅の窓を神殿のほうに向けて開いて、礼拝を欠かさない敬虔なしもべでした。それも、彼をおとしめようとする者たちが、ダリヨス王以外の者に祈願をする者は獅子《しし》の穴に投げ込むという禁令を制定したにもかかわらず、なお敢然といつものように日に三度、唯一の主なる神に祈って、敵の心胆を寒からしめました。死を覚悟の祈りだったのです。

死を覚悟の礼拝、祈禱と聞いて、はたして、私の礼拝、祈禱は、どんなものだったのでしょうか。今日、信教の自由の恵みを謳歌《おうか》して、宗教は腐臭を放ち、礼拝は骸骨と化し、祈禱は死んでいたとしたらと思うと、たまりません。

6月3日

あなたがたの光を人々の前で……。（マタイ五・一六）

私の主、私の神さま。

あなたは、私を光の子どもと呼ばれます。以前は暗やみだったが、今は光となった、光の子どもらしく歩めと、おっしゃられます。

どうか、私をその輝かしい呼び名にふさわしい明るいクリスチャンであらせてください。クリスチャン独得の天的な光を放つ者たらせてください。何か無気味な、渋い、それでいて抜け目のない、かと思えば、軽薄で無節操な雰囲気のただようクリスチャンでなく、明るく、幸いなクリスチャンであらせてください。

あのゲラサの悪霊男は、主イエスを一目見るなり、「いと高き神の子」と告白しました（マルコ五・七）。悪霊につかれた目にも神聖さを直感させた主イエスほどでなくても、私に接する方々が、この世のものでない光を感ずることができますように。

6月4日

わたしの羊たちはわたしの声を聞き分けます。（ヨハネ一〇・二七）

天の父よ。私の心はお粗末なヴァイオリンのように、すぐ狂います。前夜まではどうやら調子を保っていたとしても、一夜明ければ、もう変調をきたしています。これでは、自らの生活のリズムが乱れるばかりか、周囲の人との協調を害します。

日々、朝ごと、夕ごとに、調律が必要です。そのキー・ノートは、「いと高き所で、栄光が神にあるように」（ルカ二・一四）です。このベツレヘムの野に響いた天使の歌声に合わせて、整えられるとき、私の心は初めて天来の調べを奏でることができ、私の心は平安を得、隣人に対する善意も自然に流れ出るのです。そのうえ、天使との合唱によって、崇高な交わりを展開することができるのです。

今日も、私の心の調子を狂わす騒音や、耳を迷わす雑音が押し寄せます。どうぞ、「いと高き所で、栄光が神にあるように」という基調音を一段と高くお聞かせくださいますよう。

6月5日

いったいこの方はどういう方なのだろうか。（マタイ八・二七）

忍耐に富みたもう主よ。あなたはわざと遅れて、それも人の目には取りかえしのつかないほどの大遅れを演じて、私を途方に暮れさせ、そのうえで、私の中に眠っている信仰を引き出されます。

確かに、私は信仰を死蔵しているばかり、〝宝の持ち腐れ〟であることを、いたく感じます。万事休すといったところに追いつめられて、初めて飛び上がるように、信仰をまさぐり、握りしめて、懸命にあなたの胸を打ちたたきます。

その時、あわてふためいて哀訴する私に対して、差し伸べられるあなたの御手の悠揚《ゆうよう》せまらぬ、余裕綽々《しゃくしゃく》とした姿に、今さらあなたの神にましますことを礼拝するのです。

主よ、あなたは時として私の人生航路に波風を立てて、ご自身の御胸の中にお呼び込みなさいます。そんな嵐をも、時々、私にお恵みください。

6月6日

神の霊が宿っているこのような人……。（創世四一・三八）

聖霊なる主よ。

私の心は、すぐにボウフラがわき、水が腐り出す池のようです。あなたの内住を切にこいねがいます。いつまでたっても濁らずに、澄んだいのちの水がみなぎって、日を受ければダイヤのように光る心の池とさせてください。

また、私の心は、知らない間にほこりにまみれ、クモの巣の張りめぐらされる部屋のようです。聖霊の息吹をこいねがう次第です。天来の風が吹き渡り、吹き貫けて、すがすがしい香気さえただよう部屋とさせてください。

贖い主イエス・キリストを飼葉おけのようなところにお迎えした当時の人の無情・無礼を他人事とせず、今日、あなたを心の王座にお迎えすることができますように。それも、この王は居ながらにして、その王国を、いのちの光で満たしてくださるのです。

6月7日

敵である悪魔が、吼《ほ》えたける獅子のように……。（Iペテロ五・八）

主イエスよ。あなたは羊飼いであられます。羊である私たちはその御声を知り、それに従って安全であり、祝福を受けます。けれども、私たちは時として、わきまえのないうさぎ馬のように、手前勝手に飛びはねては、われとわが道を突っ走り、危うく獅子《しし》や狼《おおかみ》の餌食《えじき》になりかけます。

兄弟ペテロも、何度かそのような失敗を重ねたからでしょうか、食い尽くすべきものを捜し求める獅子の足音と息吹に敏感となりました。私たちも、いざなう者の遠ぼえに魅入られて飛び出してしまうことなく、羊飼いであるあなたの御声をこそ、しっかり聴き取り、また聴き従って、緑の野、いこいのみぎわに日々のいのちを養うことができますように。

決して、内からの声、外からの声によって動くことなく、上からの御声によって行動し、永遠の道を確かに歩みゆかせてくださいますように。

6月8日

私はキリストとともに十字架につけられました。(ガラテヤ二・一九)

私の神さま。

私の心は暴れ馬のようになって、あらぬ方向に突っ走ります。木柵《もくさく》を蹴散《けち》らして、狂い、いななきます。

くれぐれも、私の心の手綱を引き締めて、いつもあなたの御心と一致して、あなたのきらいたもうところは、私の憎むところであり、あなたの喜びたもうところは、私の欲するところでありますように。

また、時として、私は過去の罪咎の思いを長い影のように引きずり、引っぱりまわして、自虐的になり、自分は救われていないのだ、と叫び出します。

しかし、どうか、あなたの捨てたもうたところは、私もきっぱりと捨て去るものでありますように。主が一度、ご自身の贖いの血をもって葬り去られたものを、またぞろ引き出すことなく、一擲《いってき》して、前を向いて進みに進む者としてください。

6月9日

隠れたところにおられるあなたの父……。（マタイ六・六）

私の信ずる神さま。あなたを相手としていながら、いつしか人を相手として、偽りにまみれていく私です。

放置しておけば、対人向けのお化粧に熱中し、いかにも聖徒らしい振舞いの演技に没入します。しかし、どうか私が髪に油を塗って、決して断食していることの現れないようにし、足はきれいに洗って、いかにもご奉仕のために労していることを見せびらかすことのないようにさせてください。

表面を見る人を相手として、マネキン人形や案山子《かかし》のような表面だけの人間と化してしまうことのありませんように。

いつも心を見たもうあなたを見すえて、たとえ人がよしとしても、それに満足することなく、自重自戒して、深いあなたとの一対一の交わりに生かさせてください。

6月10日

キリストのために苦しむことでもあるのです。（ピリピ一・二九）

天にまします神さま。好いことは自分のもの、いやなものは他人のものとするのは人の通弊《つうへい》です。それを、宗教の世界にまで引っ張り込む危険があります。

好いことに会えば、得意になって自分が風船のようにふくらんで、あなたを忘れるかと思えば、いったん悪いことに出会えば、自己の責任を省みることなく、あなたを引っ張り出して、なぜこんな目に、と恫喝《どうかつ》すまじき有様。

それこそ、日頃の〝すべて栄光は神に〟という金看板とは裏腹の、〝すべての恥辱は神に〟という本性暴露なのです。

それも、たいていは後で気がつく、情けないていたらくです。こんな浅薄な霊魂が、なお耕され、砕かれ、深く呼吸して、苦難の種をも黙々と抱え込み、これを見事な花として地上に咲かせ、霊の果実としておささげするたくましさへと成長させていただくよう願います。

6月11日

知恵と啓示の御霊を……。（エペソ一・一七）

主なる神さま。あなたは、与えさえすればよいとばかり、無造作に賜物の宝を投げていってしまわれるお方ではありません。もちろん、それでもありがたいのですけれども。

それではきっと、〝宝の持ち腐れ〟に終わってしまうことでしょう。しかし、入念細心なあなたは、私たちの知恵の足りなさにご配慮くださって、賜物の宝のほどを見る知恵をも、合わせて賜います。

啓示だけでは、〝猫に小判〟となってしまいます。それに啓明が伴って初めて、啓示の啓示たるゆえんが発揮されるのです。

すでに、あなたが私の両の手に託したもうた富は莫大《ばくだい》です。それを見きわめ、はかり、いよいよ驚嘆することができるよう、私の心の眼《まなこ》を澄ませてくださるのです。昨日より今日、自分の救いの輝きに驚かされる私でありますよう。

6月12日

激しく攻める者たちがそれを奪い取っています。(マタイ一一・一二)

祝福の神さま。あなたに対する私の胃袋はあまりに小さく、私の頭脳も狭すぎます。もっと、あなたの恵みに貪欲であらせてください。それこそ奪い取ってでも、というほどに。グッと、あなたに手ごたえを与えて、驚かせるような肉迫をさせてください。そのような体当たりをこそ、あなたは喜んで待っていらっしゃるに違いありません。

「だれかがわたしにさわりました。わたし自身、自分から力が出て行くのを感じました」(ルカ八・四六)と驚かれた時の主は、どんなにうれしそうだったことでしょう。

何年、何十年とあなたにさわっていながら、少しも手ごたえを与えないのは、私の手が期待することにおいて冷たく、信ずることにおいて弱いからです。あなたに悲鳴をあげさせるほどの肉迫ぶりを、と自分に言いきかせます。

6月13日

教会はキリストのからだ……。（エペソ一・二三）

教会の首《かしら》にましまず御父よ。私が一個の羊であれば、羊飼いに守られる群れの一員となって、初めて安全です。一頭では牙《きば》も爪も力も速さもない私は、獅子《しし》や狼《おおかみ》の好餌《こうじ》となるばかりです。教会こそ、あなたの羊の群れ。教会の首であられるあなたは、羊飼いとして私たちを守り、導き、育て、増やし、愛し、私の名を呼んで、いたわってくださいます。

そして、教会はキリストの体そのものであり、一切のものを一切のものによって満たす方の満ちておられるところ、と使徒パウロが言い放ったとき、彼は教会にある恵みを、どんなに満喫《まんきつ》していたことでしょうか。

しかも、教会こそはキリストの体そのものと言いえた主キリストとの一体感を、私も教会に連なる者として体得できますように。その教会のために祈り、その一員としての自分のために祈ります。

6月14日

いのちを失う者は、それを救う……。（ルカ九・二四）

親しい愛の主よ。私は加害妄想《もうそう》にはならないまでも、被害妄想に取りつかれると、懸命にそろばんをはじいて、赤字を突き出し、あなたに突きつけます。

しかし、一見すると、損失のように見えながら、実は利得であることがなんと多いことでしょう。それが後でわかって、恥ずかしくなります。そのくせ、間もなくすると、また被害届を突き出す私です。

くれぐれも、救い主こそは一切のものを失われたお方であることを、私が確認して忘れることのありませんよう。私の損失など、それと比べたら全くなきに等しく、そんな損失とは言えない損失も、実は永遠のいのちという富で報われることを見つめさせてください。

いや、来世においてばかりでなく、この世においても、いかに私を富ませるものであるかを、改めて感謝させてください。

6月15日

葉があるだけで、ほかには何もなかった。（マタイ二一・一九）

主イエスさま。「今後いつまでも、おまえの実はならないように」という、呪《のろ》いのお声が忘れられません。あのやさしいあなたにして、この宣告を発せられることもあると、私は背筋を寒くします。

季節でもないのに、葉を茂らせては虚勢を張るいちじくの木。さも、果実がありそうに思わせぶるいちじくの木。主イエスにさえ期待を抱かせたいちじくの木。そのくせ、果実は一つだにない、なのでした。いちじくは葉でなく、果実で勝負する木です。それなのに肝心の果実はゼロだったのです。いちじくにして、いちじくの価値はなかったのです。

キリスト者も、果実が身上の者です。私はどうなのでしょうか。御霊の実は、愛、喜び、平安、寛容、親切、善意、誠実、柔和、自制とあげられています。私を、あのベタニヤの、いちじくの木のようにあらせてはなりません。

6月16日

あなたの御口のみおしえは　私にとって／幾千もの金銀にまさります。（詩篇一一九・七二）

真理の御霊なる神よ。天国は畑に隠れた宝のようだと主イエスは語られましたが、時にみことばもそうです。御霊の息吹によって記されたみことばの中に脈打っているはずの栄光の宝も見えず、それをおおっている赤土しか目に映らないことがあります。

しかし、鉱夫が埋蔵されている金銀・宝石を信じて、深く丹念に掘り進み、いのちをさえかけて、ついに凱歌《がいか》をあげる熱心をお与えください。

いや、宝をおおう土のように見えるのは、私の目をおおう世的なうろこかもしれません。御霊よ、私の目にかぶさるいばらのような好奇心、猟奇心の邪魔ものを取り去ってください。

そして、時には潜水服を着せて、みことばの深海を探らせ、その無尽蔵の神秘のほどに驚喜させてくださるように。

6月17日

そのときは喜ばしいものではなく……。（ヘブル一二・一一）

天にまします父よ。昔から最も聖《きよ》い聖徒は、最も苦難に会った人々でした。読むにたえず、聞くにたえない、七難八苦の中に、その人生をもまれ、心をすり減らされ、身をたたかれた人々でした。いや、だからこそ、彼らは文字どおりに聖徒となり得たのでしょう。

ゲッセマネとは、〝しぼる〟の意味です。私の中は、あまりにもたくさんの不要なガラクタと、あまりにも分厚い有害な脂肪が固まっています。私にもゲッセマネが必要です。

ぐうの音《ね》も出ないまでにしぼられて、初めて神にも人にも舌つづみを打っていただく、ぶどうジュースと生まれ出るのです。今、私を締めつけている問題の圧力、今日これから下される鉄槌《てっつい》の数々は、その時は不可解であっても、やがて、そのため、いっそう輝きを増すわが心の秘密であることを覚える者でありますように。

6月18日

イエスはその上（子ろば）に座られた。（マタイ二一・七）

全能の主なる神さま。私も経験を積み重ねるうちに、つくづくおのれの力量のほどを思い知らされ、友人の優秀さを知るようになります。それは、傍若無人《ぼうじやくぶじん》で思い上がりの強い私の中の古い人には不可欠な鉄槌《てっつい》であり、謙遜を旨《むね》とすべき私の中の新しい人には大切な薬です。とはいえ、これが内攻して滅入ってしまう恐れも出ます。私のような鈍才で、不器用で、卑しい者など、何のお役に立ちえようか、と。時には五尺の体の置き所もないようになってしまう私です。

けれども、聖書はそんな私を、へりくだらせつつ励ましてくれます。サムソンが手にしたろばのあご骨、ダビデが拾った河原の小石は、強力な敵を倒しました。ベツレヘムの飼葉おけ、オリーブ山麓のろばの子は、救い主ご自身をお乗せ申し上げました。主よ、私をそんな者としてお使いくださるあなたであることを信じます。

6月19日

人々が中風の人を床に寝かせたまま……。（マタイ九・二）

主なる神さま。私がここにあること、そして、このように祈っていることの背後には、どんなに多くの尊敬すべき友人の貴い支えがあったかを思うと、気が遠くなるようです。

自分ひとりで立ってきたかのような高慢な心は、ぜひ砕いてください。私をあなたのもとに導いてくださった方、私にみことばの味わいを教えてくださった方、私に祈りの手ほどきをしてくださった方、私に賛美の喜びを与えてくださった方——それらの方々あっての今日だと思います。

きっと、天国では、私を支えてくださった雲のような友人たちに囲まれることでしょう。たった一回しか会わない方の祈りが、私を支えていてくれたことを発見するでしょう。友達あっての私は、あの床に寝たまま、あなたのみもとに運ばれて来た中風の人です。私を運んでくださった友達に祝福あれ！

6月20日

まだ眠って休んでいるのですか。（マタイ二六・四五）

天にましまする神さま。天のサイクルと地のサイクルとは、どれほど異なっていることでしょう。神の熱心に対する人の冷淡、天上の切実さに対する地上の安閑……。あのゲツセマネの園では、主イエスが身もだえしながら祈っておられたのに、弟子たちはそろいもそろって豚のように眠りこけていたと言います。悲しみのあまり死ぬほどです、との主の訴えを耳にしながら、ろくでもない夢を見ては笑い寝していた弟子ども。

今も、あなたは日夜、救霊の熱心に燃えて働きたもうているのに、教会はなんと生ぬるく、半分居眠っていることでしょうか。上では天使たちが手に汗を握って、私の霊魂のために心配し、気づかってくれているというのに、当の私は、のほほんと日を送っているのではないでしょうか。私の霊魂のサイクルを、あなたの天上のサイクルに合わせてください、主よ。

6月21日

上に召してくださるという、その賞をいただくために……。（ピリピ三・一四）

全能の神さま。私は、まだまだ天の王国と栄光に寄せる思いにおいて足りません。そのために私は地上の王国のことで腐心し、地の名誉のことで心労してしまいます。

私たちの使徒は、「あなたがたの心の目がはっきり見えるようになって、神の召しにより与えられる望みがどのようなものか……を、知ることができますように」（エペソ一・一八、一九）と祈ってくれました。その時、そう祈る使徒の目も心も、天の王国と栄光に満ち足りて輝いていたことがわかります。

この日も、きっと御国と栄光を思う時間を与えてください。その重さと、永遠さとを、思えば思うほど、今のことがいかに軽く、しばらくの、はかないものであるかがわかるはずです。くれぐれも、私が真に価値あるものを見ることの少ないがゆえに、瓦礫《がれき》のようなものに夢中になってしまいませんように。

6月22日

だれにでも惜しみなく、とがめることなく与えてくださる神……。（ヤコブ一・五）

恵み深い神さま。

「求めなさい。そうすれば与えられます。たたきなさい。そうすれば開かれます」と言われているのに、なんと求めること少なく、たたくことなんと弱いことでしょうか。

主は宝の船を、いつも門《かど》づけしてくださっているのに、私は宝の山を目の前にして、貧しく震えているのです。それでいて、愚痴《ぐち》をこぼすのです。

どうか、主が満載して来てくださっている宝は一つ残らず、大胆にいただいて、その船底まで空っぽにさせてください。

気前のよい船長は、それでこそと大喜びしてくださるのですから！　その金も銀も、並ぶことができない恵みの宝は、ただ私のためにと指定してくださったご好意の贈り物なのですから！

6月23日

私はあなたの仰せの道を走ります。（詩篇一一九・三二）

聖なる神さま。世は正しいか間違っているか、善か悪かで事を決めるというよりも、好きか嫌いかで事を進めてゆきます。正しくても嫌いならこれを退け、間違っていても好きならこれを進めます。

私も、えてして、そのような感情に身をまかせ、御心に背き、罪に傾く危険を蔵しています。あなたは、正邪判断の基として、みことばを賜いました。くれぐれも、みことばに聞き入らせてください。みことばに照らしてみて、金銀の輝きを発するものを自分の指針とし、みことばにさらしてみて臭気を放つものは、ただちに打ち捨ててゆけますように。

そのためのみことばの朗読です。自分の好き嫌いで振舞う稚心《ちしん》は去って、みことばのままに従う童心《どうしん》を今日も新たにしてください。

6月24日

キリストの死にあずかるバプテスマ……。（ローマ六・四）

愛しまつるイエスさま。あなたとともに生きる喜びについては、私もいささか知り、そのあまりのすばらしさに、時に声を発します。

けれどもまた、あなたとともに死ぬしあわせを、もっと味わいたく願います。この面において、やぶさかなために、かえってあなたとともに新しいいのちを生きる喜びが半減されているかもしれません。

確かに、使徒は「私たちがキリストの死と同じようになって、キリストと一つになっているなら、キリストの復活とも同じようになる」（ローマ六・五）と明言しています。

日々、古い人が主とともに十字架につけられて死ぬ、その厳粛な聖《きよ》めのしあわせのゆえに礼拝させてください。そして、主とともに死ぬほど、主の復活に同《どう》じてゆくという、厳かな希望を確かめさせてくださいますように。

6月25日

あなたを胎内に形造る前から……。（エレミヤ一・五）

神さま。かつて私はすべてが不安でした。なかんずく、人生の目的のないことが最大の不安でした。そこに一切の焦燥が原因し、熱狂と消沈の渦がわきました。

何のために生まれさせられてきたのか、それがわからなければ、何のために生きるのかもわかりませんでした。口先では、どんなに景気のよいことを高唱しても、実は現れて消えていく泡と同じ存在でしかない自分が、はかなくて仕方ありませんでした。

しかし、「わたしは、あなたを胎内に形造る前から」という思想に触れたとき、私は自分の足場が確固として来るのを感じました。ましてや「世界の基《もとい》が据えられる前から、この方にあって私たちを選び、御前に聖なる、傷のない者にしようとされたのです」（エペソ一・四）という、目もくらむようなみことばを聞いたとき、断然、凱歌《がいか》をあげて歩み出しました。今は、何よりも目的があるということが私の力です。

6月26日

野の花がどうして育つのか……。（マタイ六・二八）

全能の主なる神さま。あなたは自由自在であられます。殺しては生かし、墓にまで降ろしながら、またこれを一気によみがえらせ、さらには天にまで昇らせたまいます。ご自身の御子による、この明らかなみわざは、私たちに疑問の余地を残しません。あなたこそ全能の神と告白いたします。

それも、その御子を人として生まれさせたもうのに、ナザレの名もない処女マリアを選びたもうた事実は、マリア自身が「主はこの卑しいはしために目を留めてくださった」と述べ、「低い者を高く引き上げられる」と歌っています。

あの大きな天体を宙に浮かせたもう強大な全能の御手が、またいかに微細な地上の霊魂をこまやかにいつくしみ、やさしく高め、愛したもう全能の御手であるかを賛美いたします。

6月27日

この都のために泣いて……。（ルカ一九・四一）

いつくしみ深いイエスさま。大人はめったなことでは涙を見せません。ましてや大の男は笑うことはあっても、なまじなことでは泣きません。しかし、主は、都のために、しかも、忍び泣きでなく、嗚咽《おえつ》され、声を放って泣かれたのでした。

それも、数日後に迫るご自身の死のための涙でなく、都のためでした。背信と背徳を重ねて、われと自ら自滅していくエルサレムの都の運命のためにでした。

あなたがあれほど教え、警告されたのに、悔い改めず、神殿をやみ市場と化している都。救い主メシヤを十字架にかけようと牙《きば》をみがいていた都。殺人者集団であった都。その都の滅び去ることに、悲しみの涙をしぼられたというのです。

狭い人間の了見《りょうけん》では、何ともはかりがたいあなたの愛です。あなたは厳正に審判を執行されます。けれども、その審判の裏に、このようなあわれみのあることを覚えて、手を合わせます。

6月28日

もしかすると、このような時のためかもしれない。（エステル四・一四）

摂理の主よ。もし私の生涯があなたの栄光を現すためのものであるとするならば、私の生まれ、私の育ち、私の教育、私の境遇、私の地位も、その御用に立つようにと、あなたがお備えくださったものに違いありません。

それを、その目的にかなって活用する知恵と使命とを私に自覚させていてください。あのモーセが、エジプトに生まれてナイル川に捨てられたのも、エジプトの王宮で育てられたのも、当時、世界一の図書館があった地で教育を受けたのも、そして塗炭《とたん》の苦しみに会うイスラエルの一人であった境遇も、王子の地位にあったことも、実はあの出エジプトの大事業のためのものでした。

いや、男ばかりではありません。か弱いエステルが思ってもみなかったペルシア王妃となったのも、実は全滅の憂き目にあう同胞の運命を回避させるためだったのです。自分が歴史の転回点となるとき、その使命を私に果たさせてください。

6月29日

乏しい中から……。（ルカ二一・四）

主よ。あなたは私に過大を望まれません。私に過多を要求されません。私のなしうる最上を望まれます。私が尽くすことのできる最善を要求されます。それゆえに、私のような小さな器にも懸命にご奉仕する余地があるのです。

「みな、あり余る中から献金として投げ入れたのに、この人は乏しい中から、持っていた生きる手立てのすべてを投げ入れた」とは、十字架の影も濃い一日、神殿で発せられた、あなたのお叫びでした。それはまことに、あなたにふさわしい、あなたのお心を鋭く示されたお声でした。黒衣に身も顔も隠して、人ごみにまぎれつつ、レプタ銅貨を二枚投げ入れれば、たちまち恥ずかしそうに姿を隠したやもめ。その瞬間の行為を鷹《たか》のように見つけ、それもただちに感動して指さされたあなた。

そのあなたに、いつも見守られていると覚えることは、私の宗教を生き生きとさせてくれます。今日も、このあなたの御目を背中に意識して歩めますように。

6月30日

神の愛から、私たちを引き離すことはできません。（ローマ八・三九）

主なる神さま。いつしか、今年も半分が過ぎます。はたして、今年の誓いをどれだけ果たしえたかと、あわてます。地上の歳月の短さを、つくづく思い知らされて青くなります。悪魔がそれをあざ笑うように感じます。求めても得られなかったではないか、たたいても開かれなかったではないか、願ってもかなえられなかったではないか、祈ってもこたえられなかったではないか、お前は見捨てられたのだ、神の祝福は去ったのだと、聞こえてきます。けれども、主よ、神よ。それは、決してあなたが去られたからではありません。私の足りなさに原因しているのです。また、時が至っていないのです。あなたは私のかたえにあって、祝福をいっぱい抱えていらっしゃるのです。どうぞ今年の後半に期待させてください。

7月

7月1日

私は山に向かって目を上げる。（詩篇一二一・一）

忍耐限りない神さま。今年も後半に入ります。一生のうち、あと何回越えることを許されるか、夏のさ中の峠です。来《こ》し方を振り返れば、すでに霞《かすみ》のうちですが、行く末をのぞめば、そのあまりにもはるかなのに、気もそぞろとなります。

なお続く踏破すべき道のりは、何とかここまでたどりついた者に、首を振らせます。聞きしにまさる聖徒の道の厳しさ、予想を上まわる十字架の重み。

しかし、三歩とは歩けまい、三日とはもつまいと思われていたのに、ともかくもここまで私はやってきました。これも、すでに私の力ではありません。ただ、あなたの力です。あなたが私を守ってくださったおかげです。

ペテロは主イエスを直視したとき、波の上さえ歩けました。そうです、あなたを直視して、一歩ずつ進ませてください。この一歩が雲を抜いてそびえる恵みの高嶺《たかね》を征服しつつあるのだ、と自覚して。

7月2日

もっと多く実を結ぶように、刈り込みをなさいます。(ヨハネ一五・二)

聖なる父よ。

いつの間にか、私の霊魂にも、生活にも、われとは気づかない無用な枝葉が繁茂して、花実を結ぶ邪魔となっていることでしょう。

そんなむだ枝を、あなたは熟練した庭師のように刈り込みたまいます。それも、時には、やさしく、痛みもなく、黄金のはさみで剪定《せんてい》されますが、時には大胆に銀の小刀で切り取られます。その刃の光におびえて私は叫びます。

しかし、それはまことのいのちを伸ばすためであり、より美しい花を咲かせ、より立派な実を結ばせるためのみわざであることを信じさせてください。

今日も私の霊魂の中で、また生活の上で、縦横に振るわれる剪定のみわざを感じ覚えるとき、素直に身をまかせていけますように。

7月3日

主の息吹がその上に吹くと、草はしおれ、花は散る。（イザヤ四〇・七）

永遠にましますなる神よ。あなたの御目の前には、この地上の歴史、諸国の興亡盛衰はどのように映っているのでしょう。

強大なバビロンも、ペルシアの威勢も、アレクサンドロスのマケドニア王国も、大ローマ帝国も、秦漢の大版図も、ナポレオンの栄華も、来たっては過ぎ去って、跡形もありません。

それらは、地上の歴史のひとこまに一瞬咲いては散った、哀れな夏草の一本でした。それらの王座、王国を見下ろして、采配をつかさどる、もう一つの王座、もう一人の王のましますことに身ぶるいを覚えます。

王の王、主の主と、その御座の揺るぎなさを仰いで、私もまたその高遠悠久な視野から世界を見渡し、歴史をながめ渡して、自ら歴史の中にありながら、歴史を超えた壮大な志をもって生きる自分であることを確かめます。

7月4日

人知をはるかに超えたキリストの愛……。（エペソ三・一九）

創造主であられる神さま。私が人間につくられたということが、いかに恵みであるかを、私はほとんど覚えたことがありません。それを当然のこととし、その上でぜいたくな要求を打ち上げては、不平をもらし、不満な顔つきを御前にさらします。

しかし、私が人間としてつくられたこと、それは思いもかけない恵みだったのです。私は海の底の石としてつくられることだってありえたのです。噴火口に、しばし漂う霧にだってありえたのです。田んぼのタニシにでも、縁の下のぞうり虫にでも、ありえたのです。

それを、あなたが、その御独り子を捨てるまで愛したもう人間の一人としてつくられたことは、何と言ったらよいのか。ことばもない望外の選び、恵みです。天使すら、うらやむ贖いに浴した私であること。この驚くべきしあわせを、人間として抱いて今日も生かさせていただきます。

7月5日

舌は火です。（ヤコブ三・六）

全知なる神さま。口には関所がありません。錠《じょう》もありません。かんぬきもかかりません。税金もかかりません。年貢もいりません。しかも、口から出た音は、たちまちにして、無責任に消えていきます。そこに、危険があります。わざわいのもととなります。制御しなければ、口は虎、舌は剣となって、人を食い、人を突きまくって、なおあきたらなくなります。

また、ひわいな話題におぼれて、壊れた水車のような音をたてます。あるいは、空っぽのふいごのように心にもない偽善的な理想論を吹き上げては酔っぱらいます。

私の生活、それもあかしの生活の半分はことばから成っています。そのことを覚えれば、今までの不注意な言語生活が恐ろしくなります。あのバプテスマのヨハネは、〝荒野で叫ぶ声〟と呼ばれました。今日も、あなたが与えてくださったこの一枚の舌を、一言でも救いの福音を伝える器官とさせてください。

7月6日

神のすべての武具を……。（エペソ六・一一）

万軍の主なる神さま。

地上の一日一日は、とくに神の子らにとって戦場です。神のものとなった私を目がけて、かつての主人であった悪魔とその部下たちは、四方八方から打ちかかってきます。

その武器も、これがだめなら、それでと、多種多様にくり出されます。それも、自覚的に神の子らしく生きようと、旗印を掲げれば掲げるほど集中攻撃を受けます。

史上、最も神の人らしい人は、想像もできないような攻撃にさらされました。災害で、病気で、失望で、挫折《ざせつ》で、裏切りで。

その一人であったパウロは、身をもってした体験から、武具をもって鎧《よろ》え、と号令します。それも、世の提供する武具でなくて、神の武具でなければならぬと。今、私を完全に武装して、いかなる悪魔の火矢をも通さぬようお守りください。

7月7日

世と、世の欲は過ぎ去ります。（Iヨハネ二・一七）

万軍の主なる神さま。たとえ、クロイソスの富と、ソロモンの知恵と、アレクサンドロスの力と、デモステネスの雄弁とを合わせたとしても、それは結局、露のように消えてゆく人間でしかありません。

たとえ、アテネのアクロポリスと、中国の万里の長城、ニューヨークの摩天楼とを合わせえたとしても、それは砂ほこりと化していく人のわざでしかありません。

しかし、あなたの御名を呼ぶとき、私は永遠に生きる者となっています。こんな無力で無知で無一物の者が、かき消えていく一切の嵐の中に、永遠に自分自身として生きていく者になっていきます。そしてあなたの御名においてなすとき、私のわざは永遠に残るものとなります。たとえコップ一杯の愛のわざも、ほんの一言のいたわりのことばも、ことごとくが過ぎ去りゆく砂嵐の中に記念碑として立つ！

主よ、このあなたにある人生の意義の高さを感謝いたします。

7月8日

私はキリストのゆえにすべてを失い……。（ピリピ三・八）

喜びの源であられる主よ。私を喜びに満たしてください。卑屈な私は、祝福よりも残念に心を占領され、それもたった一つの残念によって、百の祝福が見えなくなってしまうような者です。そして、すぐ不平の山を築き、不満の川を流します。与えられた大いなるものよりも、失ったささいなものに心をこがして忘恩の石を積み上げ、暗やみのとばりで自分をふさぎます。けれども、主イエス・キリストという賜物一つで、私たちは感謝すべきなのでした。その十字架の愛に浴しただけで、喜びは尽きないはずだったのです。いや、主はそれに加えて、個人的にも、家庭的にも、社会的にも、国家的にも、どんなに多くの祝福を恵んでくださっていることでしょう。

主よ。私が喜びのともしびを憂うつの桝《ます》の下に隠してしまいませんように。絶えず喜べ！　と教えてください。

7月9日

あなたの隣人を自分自身のように愛しなさい。（マタイ二二・三九）

天の主よ。

私に自己を無にする心をお与えください。夜空を照らす月でさえ、地球の回りを巡り、地球すら太陽を中心にして回転していますのに、こんな小さい私は、こっけいにも自分を中心にして、世界を振り回そうと思い上がります。

私が何者であるかをわきまえさせてください。ただ御心に仕える者、愛をあかしする者であることを覚えさせてください。

受けることにあくせくせず、与えることに心を尽くす者。他人に理解されることを要求するよりも、他人を理解することに努める者。自分の苦痛を鐘や太鼓で訴える者でなく、隣人の苦痛に同感する者たらしめてください。

そして、自分に対しては寛容で、他者に対しては厳格な根性の代わりに、自分に対しては厳しく、他者に対しては思いやりのある者として、成長させてください。

7月10日

あなたの宝のあるところ、そこにあなたの心も……。（マタイ六・二一）

私を守ってくださる天の神さま。地上は、私の耳目《じもく》を奪う魅力的なまがい物で満ちています。それも、私にすきがある場合は、私の目は他愛もなくそれらに吸いつけられてしまいます。もう何がどうなろうと、と身を乗り出して、まるで悪魔の子のような笑い声を立てています。

主よ、このひっくり返った目をえぐり出して捨ててください。この伸びた手を断ち切ってください。私の目をあなた以外の者には閉ざし、私の手をあなた以外の方向には曲がらないようにしてください。

私の慕うものは、ただ天にましますあなたと、あなたの御手からこぼれ落ちるもののみ、とさせてください。あなた以外に何の慕うものがあろうか、と自分の心に向かって叫ばせてください。今日も、その目とその手とを忘れずにお恵みくださいますように。

7月11日

どうして毒麦が……。（マタイ一三・二七）

教会の主なるイエスさま。あなたを信じ、求める者の群れである教会も、地上にあっては、あれこれとほころびを露呈《ろてい》します。あの聖霊降臨の教会、霊感された使徒たちの指導する初代教会ですら、多くの問題に満ち、時には目もあてられない惨状を呈しました。あぜんとするほどに。けれども、あなたは、愛する使徒たちによって、そのような教会を忍耐して、懸命に改革し、手厚く導かれました。そうです。教会は教会となる時に赦されただけではなくて、教会となってからも、赦され続けていく群れなのです。

そこに教会の地上性・未完成を見つめさせられるとともに、なおも尽きない、あなたのご寛容を礼拝させられるのです。

だから私は、自分が属している教会が抱く問題を痛むとき、その痛みに、注がれるあなたのご慈愛を仰いで賛美することができるのです。

7月12日

その熱心は知識に基づくものではありません。（ローマ一〇・二）

恵み深い父なる神さま。明け暮れ、花を待つ身には、草木の生長があまりにも遅く見えます。期待すればするほど、熱意を込めれば込めるほど、待ちこがれて、待ちくたびれて、嘆息が出ます。時には、生長どころか、かえって萎縮しているのではないかと、度を失います。同様に、あなたのお答え、あなたにある解決を待てば待つほど、かえって、私が不敬虔に、いらだつ危険があります。熱心が、かえって、仇《あだ》となる恐れがあります。

熱意には慎重の帯が必要です。期待には観察のいすが必須です。どうか、私がその帯をしっかりと結び、そのいすに腰をどっかと落ちつけて、種から芽、芽から苗、苗からつぼみへと、瞬時も止まらぬ開花への生長が続けられている様を確かめさせてくださいますように。今日も、しがない私の人生に着々となされる御心のほどを確認させてくださいますよう。

7月13日

いつまで、わたしはあなたがたと一緒に……。（マルコ九・一九）

主イエスさま。忍耐深いあなたが時にもらされる嘆声は、数が少ないだけに、私の肺腑《はいふ》をえぐります。それも、「ああ、不信仰な時代だ。いつまで、わたしはあなたがたと一緒にいなければならないのか。いつまで、あなたがたに我慢しなければならないのか」と、たたみかけるように発せられたおことばは、私を溶鉱炉のように燃え上がらせます。

二千年前の世も不信仰であり、今日の世も不信仰であるとすれば、主イエスの嘆声は二千年の歴史に長い尾を引きずって聞こえているのです。沈痛です。

そして、二千年前の弟子たちがまんならなかったとすれば、二千年後まで、そのお声はこだましているのです。すみません、おゆるしください。私の心は、このような思いによって、湿らされ、沈められ、浸されなければなりません。いい気になってはならないのです。

7月14日

聖霊があなたがたの上に臨むとき……。（使徒一・八）

万軍の主なる神さま。私の心はもろくて、悪魔の放つ一言二言の矢にも致命傷を負い、天使を装う悪魔の秋波一つにも魅入られて、息も絶え絶えになってしまいます。

私は、どんなにか霊魂の武装を必要としていることでしょう。そして、あなたは裸で戦場へ出て行けなどとは仰せられません。武装が整うまで待て、控えよ、と仰せられます。

あの小心翼々《しょうしんよくよく》たる丸腰の使徒たちに、聖霊のバプテスマを受けるまで都で待て、と指示されました。地の果てまで証人となるのは、上よりの力を受けてからだと、厳命なさいました。

今日も、まず控えて待ち望みます。どうか、あなたのダイナマイトのような力を、お与えください。そのうえで勇戦奮闘しとうございます。

7月15日

ご自分の瞳のように……。 (申命三二・一〇)

主なる神よ。あなたは、荒野の中で民をご自身の瞳のように守られました。今日も神なき世、聖潔なき世、精神の渇きをかき立てる、世の荒野の中を進む私をお守りください。

人々の冷淡な態度は、戦車のように私の骨を砕こうと押し迫ります。人々の激烈なことばは、火矢となって、私の心臓を止めようと射かけてきます。

どうか、あなたの御翼のかげに匿《かくま》われることをおゆるしください。恐れて震え上がるとき、まっすぐに、あなたの御ふところに逃げ込むことをおゆるしください。

あなたの、巨大で、強力で、そのうえ柔かくて、暖かい御翼のかげで、この世の戦車をやり過ごし、火矢を避けることのできるわが身の幸を感謝いたします。

7月16日

神の国から遠くない。（マルコ一二・三四）

救いの神さま。主イエスのわざを見、教えを聞いて驚嘆したり、感嘆した人たちは、どうなったのでしょう。主イエスの力に歓声をあげ、主イエスの知恵に拍手を送った多くの人々があったと聖書は記しています。

なるほど、彼らは一部のがんこ者と違って、ありのままを見聞きする耳目《じもく》をもっている者たちでした。それゆえ主も「あなたは神の国から遠くない」と言われたことがありました。けれども、けれども、彼らは神の国から遠くないとされながら神の国に入るとは言われませんでした。また入ったとも記されませんでした。

神の門前で徘徊《はいかい》し、拍手する者、それは、ついに閉門と同時に、シャット・アウトされてしまうでしょう。神の国の狭き門から、にじり入らなければならないのです。求道者の兄弟、同調の姉妹が、神の国に遠からずといえども近からずという残念で終わることのありませんよう、私も勧め、祈らなければなりません。

7月17日

しっかりしなさい。わたしだ。恐れることはない。（マルコ六・五〇）

幸いな慰め主よ。私は石のように鈍感で無頓着《むとんちゃく》者であるかと思えば、一転すると、ひるがえる風波のように狂い立ち、自分自身の声にもおびえ、収拾がつかないほど騒ぎ出します。そして、なにもかもが心配の種と化してしまいます。

御名を呼ぶこともうわの空となり、恐怖が私の王となってしまいます。なんという私なのでしょう。そんなとき、私を揺さぶる思い煩いの波風を踏み越えて、近づいてください。それでも、あなたご自身をさえ恐れる者でしたら、「黙れ、静まれ」と御声をおかけください。

そして、その痛んだ葦《あし》を折ることなく、くすぶる燈心を消すことのないやさしさをもって、私を静めてください。次第に落ちつかされて、ついには「風や湖までが言うことをきくとは、いったいこの方はどういう方なのだろう」と感嘆させてくださいますよう。

7月18日

私は目標がはっきりしないような走り方はしません。（Ⅰコリント九・二六）

信仰の導き手にましします主なる神さま。私の人生は私が歩む人生であり、私の道は私が走り抜く道です。

かつては、その人生が何のためのものであり、その道がどこに向かっての道かがわからず、行きつもどりつ、道草を食っては、うかぬ顔で沈没していました。

しかし、今は、それが天路歴程の旅路であることを見定めて、手ごたえも、張り合いもある一歩一歩となりました。

あとは、その道をどのように進むかが問題なだけです。りりしく腰ひきからげて、みことばの地図に位置を確かめつつ、祈りの水筒を傾けて、ゆるみなく進むことです。水の上さえ、主を直視すれば歩いて渡ることができると信じて。そうです、それに、いつもともに歩を進めてくださるあなたを友として。

7月19日

行って、あらゆる国の人々を弟子とし……。（マタイ二八・一九）

主イエスよ。

私はいわゆる種属の偶像のとりことなって、目隠しをしてしまいます。自分の国さえよければ、という民族主義、自分の家庭さえしあわせなら、というマイホーム主義に、せぐくまる病弊《びょうへい》があります。

しかし、主よ、あなたはあの国中あげて選民思想で沸騰していた時にも、視野ははるかに海山を越えて、地の果てにまで及んでおられました。その御心の証人は宣教師の兄弟姉妹たちです。

今日この時も、故国を遠く離れ、家族を捨てて、名も知られず、宣教に挺身《ていしん》しているあなたの証人たちのことを思うと、私の精神的視野は押し広げられ、安穏《あんのん》とした自分のエゴの腰はけとばされます。主よ、あなたの愛のシンボルである宣教師たちを必ず祝福してくださり、私を啓発してください。

7月20日

一つの部分が苦しめば……。（Iコリント一二・二六）

天の父よ。私は自分のことを言われると、まわりを見回して、では、あの人はどうなのです、この人はどうなのです、と話をそらし、自分だけ言われるのは不服だという態度に出ようとします。

もっとも、それはおもしろからぬことを言われた時のことで、快いことを言われた時は胸を張って、他人など眼中になくなります。時によると、あなたまでを忘れて有頂天になります。しかられた時には他者を引っ張り出して隠れみのとし、ほめられた時は他者を蹴倒して、一人フットライトを浴びようという。ご都合によって同胞主義になったり孤高主義になったりの古い根性。

そんな私です。どうか、他者が責められる時には、おのれを顧み、自分がほめられる時には、他者に拍手を送る者であらせてください。

7月21日

私が生きながらえて……。（ピリピ一・二五）

天の御父よ。私は、御国を来たらせたまえと祈ります。一刻も早く御国の饗宴にはべり、永遠への喜びにはいりたいと願っています。世を去ってキリストとともにいるほうがまさっていると私は思います。そのための今のいのちだと考えています。

けれども、もしそれだけで終わったとしたら、私は利己的です。自分の願い、自分の喜びを踏まえて、隣人のため、教会のために、なお奉仕できること、奉仕すべきことがあるなら、なお生かしてくださいい、と反転することがなくてはなりません。

私のいのちは、自分の快適、安楽、歓喜で尽きるものではなく、他者のためにいのちを捨てられた主イエス・キリストのあかしを実践していくいのちです。私利私欲から長寿を願うのでなく、使命のための長寿を願うこともあらせてくださいますように。

7月22日

みこころが天で行われるように……。（マタイ六・一〇）

万軍の主なる神さま。天と地と、その中にあるすべてがあなたのものであることを、そして、あなたの御心にそって、統べ治められていることを、私が忘れることのありませんように。情けないことに、私はよく、なぜこんなものがあるのか、どうしてこんなことが起きるのか、と地団太踏《じだんだ》みならし始めます。しかし私が、日々祈り深く、みことばに聞いて生きているかぎり、すべては御心のままに動いているのです。

あなたは私の人生について、明確で祝福に満ちたご計画をお持ちなのです。それも、私の一生全体の大綱《たいこう》ばかりか、私の日々のひとこまひとこまにもご計画をお持ちになっているのだ、と自覚させてください。今日、これから起こることも、明日起ころうとしていることも。折りに触れて、さて、この御心は……と、考えて、御顔を仰ぐ微笑をお恵みください。

7月23日

エノクは神とともに歩んだ。（創世五・二四）

私を贖ってくださった神さま。

私のすべてを、あなたのものとしてくださいますように。私は意地きたない客のように、だんだん値切って、少しでも自分のものとして残そうとします。それも、考えてみれば、実に恥ずかしいようなものまでも、です。

どうか、私の思うところが、御霊を憂えさせることのありませんように。私の行うところが、みことばの光からそれませんように。私のことばがあなたの愛の香りを消すことのありませんように。そして、私の目ざすところが、あなたの眉《まゆ》をしかめさせてしまうことのありませんように。

自分の胸をたたいて、この心には主が住んでおられる。自分の手を握って、この手は主のわざをつとめる。そして自分の足を指さして、この足は御国への道を踏むと、確認させてください。

7月24日

二人はペルゲから進んで……。（使徒一三・一四）

天にましますよ。あなたのご計画は日に日に進められて、その勢いは刻々と上がっています。私はその調子に正しく合っていなければなりません。

昨日の調子では遅れます。今日の勢いを教えてください。懸命に忠実に、私が調子を合わせ、整えることのできますよう。それができていないで、雑音を立てている人を見ます。十年も二十年も前の信仰で、つじつまを合わせている人を見ます。

くれぐれも、その仲間に転落しませんように。日々に新たに、日々に前進し、日々に献身する友の一員となって頭をそろえていけますように。

海の波も、ひるむ波は、進んできた波にガブリとのみ込まれて消えていきます。そして、前進した波は、勢いよく岸辺に打ち上げていきます。キリスト教の波頭の一員として、私を確保してください。ご経綸《けいりん》を推し進める第一線に、私の頭を並べさせてください。

7月25日

末席に行って座りなさい。（ルカ一四・一〇）

主イエスさま。あなたの教えは山よりも高く、海よりも深いかと思えば、なんとも日常的な知恵に満ちています。

〝鵜《う》の目鷹《たか》の目〟で上席をねらう心。だれの名がだれの名の上に載っているかで悶着《もんちゃく》が起き、だれをだれとだれの間に入れるかで苦心する世の中、上座争い、メンツの張り合い、そのための売名宣伝は宗教の世界でも例外ではありません。

そんな中にもまれて疲れきるとき、「招かれたなら、末席に行って座りなさい」というご指示は、心を洗ってくれます。

それも、いつしか地上の宴席での教訓から、ひいては神の国への心得となります。天国の上席は、むしろ近寄ることもせず、天に目を向けることだにせず、ただ胸を打つばかりの取税人のためにリザーブされているのです。頭の高い態度の大きい、やがて満座の中で恥をかく愚かな者となりませんよう。

7月26日

わたしの父の家には住む所がたくさんあります。（ヨハネ一四・二）

天地の主なる神よ。あなたは草木を土中から、トンボを水中から空中へ飛び出させたまいます。なぜなら、そこに、よりよい住みかをお備えくださっているからです。そのために、彼らは惜しげもなく種殻を捨て、土中を踏まえて双葉をかかげ、さなぎ殻を脱ぎ、水をけって翼を張るのです。

人々は、この世を最初で最後の住みかだと思い込んで、失意と落胆をくり返しています。けれども、あなたはこの世を最上のものとして、お与えになっているのではありません。

もう一つの世界、もう一つの国、もう一つの都、もう一つの楽園、それにもう一つの新しい住まいまで用意してくださるのです。それゆえに、私は失望しません。しかも、その住まいは野中の一軒家でなく、兄弟姉妹とともに住み、永遠の主と同居する温かいホームなのです。その住まいに入居する時を今日も待ち望みます。

7月27日

神によらない権威はなく……。（ローマ一三・一）

主イエスさま。あなたは、民を愛し、都を愛し、国を愛されました。「ああ、エルサレム、エルサレム」とは、滅びゆく運命も知らぬ都に対する、あなたの断腸の叫びでした。

私も、あなたにならって、民のため、都のため、国のために祈る者でありますように。為政者、裁判官、議員たちが、その権威の与え手であるあなたの御心にそって事をはかり、行うために祈る者でありますよう。

また、教会に遣わされ、群れをあずかる牧師たちが、神聖なみことばを純粋に語って、民を教化し、国を指導する大役に邁進《まいしん》することができるようにと、祈らせてください。

そして、王の王、主の主は、ほかならぬ私の救い主であられるという、高く広い視野をもって、世界の国々を見渡す者であらせてくださいますよう。

7月28日

多く与えられた者はみな、多くを求められ……。（ルカ一二・四八）

主なる神さま。高い木は、日光を受けることができますけれども、それだけ風雨に厳しくさらされます。特権には、それなりの責任が負わされるのです。

同じ過ちを犯したとしても、世間はキリスト者のほうをより厳しく罰するでしょう。主の心を知りながら、その思いどおりに用意もせず、働きもしなかったしもべは、ひどく打たれ、知らずにいたしもべは、打たれても少しですみました。

このことは、われこそ旗本直参《はたもとじきさん》なり、主の側近なり、使徒なりとして、人並み以上のもてなしにあずかれる者と思っていたペテロの天狗《てんぐ》の鼻を押さえました。

同じことでも、クリスチャンは一層の指弾《しだん》を受けるのです。それでもクリスチャンか、と責められます。執事のくせに、長老のくせに、牧師なのに、という弾丸は、次々に用意されているのです。どうか、神の子、光の子としての特権の裏づけとなっている責務の十字架を、今日もしっかりと負わせてくださいますように。

7月29日

最も小さなことに忠実な人は、大きなことにも忠実であり……。（ルカ一六・一〇）

いつくしみ深い神さま。あなたの宗教では、いわゆる東洋豪傑風の粗大さがまかり通ることはありません。その宗教はむしろ綿密であり、精緻《せいち》です。

大事の前に小事を軽んじることはありません。小事こそ大事に通じ、大事は小事に現れるとします。私はあなたの宗教に入れられて、なま悟りの粗放さから救われました。

ことに、主イエスの挙措《きょそ》動作は、どこを切っても宝石のごとしです。なかんずく、あのゲッセマネの狂乱のさ中に、弟子が切り落とした敵の耳をいやされたことは、ダイヤのように輝きます。

混乱のさ中に、薄暗がりの中を、わざわざつまらぬ男の片耳を地上に捜されるそのお姿。そして、それを静かにつけられる御手。人生の密度ということを教えられます。まじめさということをわきまえさせられるのです。

7月30日

今やキリストは、眠った者の初穂として死者の中からよみがえられました。

（Ⅰコリント一五・二〇）

復活の主イエスさま。あなたの復活が私の生涯に与えた衝撃の大きさは測り知れません。せいぜい数十年のいのちと思いつめ、年齢とともに心細くなり、気力をなくして、滅入っていくばかりの人生観。何をやっても、死んでしまったらおしまいだとして、あるいは悪事を重ね、あるいは善い事に情熱を失うといった哲学を、一挙に打ち破ってくれたからです。

どこやらにあるかもしれない、と憶測しないではなかった次の世界が厳として実在することを確かめえたとき、従来の人生算段は全く御破算《ごはさん》になりました。

それもわずか二桁《けた》、万が一どんなに長生きしたとして三桁で事足りたそろばんは間に合わず、永遠の人生設計にかからなければならなくなったその歓喜、その驚喜に、私は生きています。それこそ、〝夏草やつわものどもが夢のあと〟といった風景を打ち破った、よみがえりの人生、これを感謝いたします。

7月31日

突然の破滅が……。（Ⅰテサロニケ五・三）

万軍の主なる神さま。こうして祈りの手を組むうちにも、刻々とある時が迫っていると覚えることは緊張です。キリスト者独特の生活感覚です。

人々が飲んだり食ったり、売ったり買ったり、めとったりとついだり、植えたり建てたりしている時にも、その一つの緊張が私をひきしめます。いつ来るかわからないということが、いつでも、ゆるみがちな私の心の琴線《きんせん》をピンと張ってくれます。

かつて、ノアの時代も人々は空を仰いで言いました。見ろよ、この雲一つない晴れた大空を。雨雲など一かけらもありはしない。いったい全体、どこに審判があるというのか、と。しかし、突如として雷鳴・稲妻はいたって、人々をのみ込みました。私はやはり何かを待つ者です。待機する者です。身構える者です。この姿を今日も用意して出《い》で行かせてください。

8月

8月1日

初めに苗、次に穂、次に多くの実が穂にできます。（マルコ四・二八）

永遠にましますよ。夏も八月となり、暦の上では立秋も間近です。この夏の日照りの暑さの中にも、稲は穂を突き立て、結実へと一生懸命に生きています。

私の夏はどうでしょうか。

「怠け者よ、蟻のところへ行け。そのやり方を見て、知恵を得よ。蟻には首領もつかさも支配者もいないが、夏のうちに食物を確保し、刈り入れ時に食糧を集める。怠け者よ、いつまで寝ているのか。いつ目を覚まして起き上がるのか。少し眠り、少しまどろみ、少し腕を組んで、横になる」（箴言六・六―一〇）。

秋の結実のための私の精進は、まだ万全ではありません。穂もまだ充実を欠いています。根つきもなお安定を欠くようです。この八月は、その補充のためにと、あなたがお貸しくださった時です。そのあわれみにこたえて、一粒でも多くの結実をと、私も努めてまいります。

8月2日

苦しみにあったことは　私にとって幸せでした。（詩篇一一九・七一）

いつくしみ深い主よ。

今日は隣人のために祈ります。人生多事多難。順調な人は少なく、多くの逆境にある人を覚えます。

長の病の人、突如倒れた人、自分の不健康にあえぐ者、子の慢性疾患に悩む者、配偶者のひそかな不品行に苦しむ者、同僚の危険に焦慮《しょうりょ》する者、事業不振に涙を流す者、家族関係で傷つく者、親子の断絶で心砕かれる者、重病の予感で望みを失う者、友人に裏切られて悲しむ者、恋人に背《そむ》かれて失意の中にさまよう者……。

十人十色です。みんなみんな、首に問題の袋をぶらさげて歩んでいます。その人々を助けてください。支えてください。立ち直らせてください。やがて時がたてば、それも大きな主の御心のうちにあって有用な経験であったと、きっと賛美の材料となることを確信するまで、その手足をとってお導きください。

8月3日

主の麗しさに目を注ぎ／その宮で思いを巡らすために。（詩篇二七・四）

聖なる御父よ。

かつて、私の眼《まなこ》をうろこがふさいでいた時は、あなたご自身が見えませんでした。しかし、ある日、そのうろこが音を立ててこぼれ落ちたとき、さし込む聖なる光に度を失って、「ああ、私は、もうだめだ」と、恐れ絶望しました。

しかし、それが十字架のプリズムを通して仰がれたとき、その柔らげられた慈愛の光を浴びて、「人の子とはいったい何ものなのでしょう。あなたが顧みてくださるとは」（詩篇八・四）と、目もうるみました。

以来、人生の喜怒哀楽を重ねるうちに、こんな所にまでも、という谷間や高嶺《たかね》で、やさしく頼もしく輝く、あなたのお顔の光を仰いできました。どうか今後もあらゆる機会を通して、いよいよ私の眼を明らかにして、あなたの美しさを見させてくださいますように！

8月4日

主を恐れることはいのちの泉……。（箴言一四・二七）

永遠にましします神よ。あなたの沈黙の意味が、時としてわからなくなります。なにゆえこの世を放置されるのか。悪人横行して善人微行する世の中。偽者が羽振りをきかせて本物が逼塞《ひっそく》する世の中。あなたなどいやしない、要するに神という名は風にすぎない、と高言する者の勢いは、日増しに大きくなっているのに。

どうして、あなたはこうした矛盾に黙っていらっしゃるのか。なにゆえ不遜《ふそん》な挑戦を受けて立たれないのか。その雷鳴一つで彼らを慴伏《しょうふく》させることがおできになるはずなのに……。

しかし、軽々しく、あなたのはかりごとについてうんぬんすることを慎みます。人の目にはマイナスと見えることも、逆に用いて、一気に、しかも絶大な効果をもって御心を完成させたもうのも、あなたの知恵だからです。やがて、その秘密が公然と現されるまで、私は慎んで祈ります。ひたすら祈ります。

8月5日

あなたはどこにいるのか。（創世三・九）

あわれみ深い主よ。私はとかくすると、あるべき所にいず、御前から迷い出ているのに気づかずに、せっせと滅びの道を急ぎ、ゆうゆうと審判の噴火口上で、とぐろを巻いて、独り合点《がてん》しています。

御声をかけてください。「あなたはどこにいるのか」と、御声をおかけください。いつしか犬のように、自分の吐いた物にもどって食べ直しを演じている自分。また豚のように、せっかくきれいに洗われたのに、またぞろ泥の中につかって太平楽《たいへいらく》をきめている自分の姿を直視させてください。

もし、私があなたを呼ぶばかりだとしたら、きっと私は独り善がりに落ちていくことでしょう。いい気になって、主の御名を連呼しつつ、私が滅びに向かうとき、どうか、あなたがお声をかけてください。「あなたはどこにいるのか」と迫って、私の目を覚まさせてください。

8月6日

彼らの目が開かれ、イエスだと分かった……。（ルカ二四・三一）

栄光の主であられるイエスさま。あなたは最後の敵、死を踏みつぶして、御父の右に凱旋《がいせん》なさいました。王の王、主の主として、今日も君臨しておられます。

けれども、だからといって、あなたは地上の私たちと無縁になられたのではありません。執事ステパノが石で打たれるとき、あなたは御父の右に立っておられました。座してはおらず、思わずステパノを助けようと、立ち上がられたのでしょう。

主イエスさま。あなたの御名はインマヌエルでした。確かに、〝神は私たちと共におられる〟という御名をお持ちでした。私は、長い影を引きずって、しがないエマオへの旅路を歩み、「望みをかけていたのに、イエスさまは見当たらない」と、独り言を落とします。

しかし、そういう時、背後に迫り、やがて肩を並べたもう見えないお方に目を開かれて、内に心の燃える者でありますように。

8月7日

今に至るまで妨げられてきました。（ローマ一・一三）

救い主の神さま。かつては、事あるごとに「なぜ」「どうして」と、すぐ口をとんがらかしていた私でした。「なぜこんなことを」「どうして私だけが」と。

しかし、今は「何のために」と思案する者となりました。事の背後に、あなたを見る目が開かれたからです。事柄は偶然に襲来するのではなく、ご意志に基づいているのだと知りえたからです。

意義をさぐる光の世界が開け、目的、それも聖なる永遠の目的を考える人生の深みにひたることができたからです。今日も、あれこれの波瀾《はらん》が私を乗り越えていくことでしょう。

その一つ一つの波をかぶりながら、これを許されたあなたの御心は……と、胸に手をあて、それが必ずや向上進歩を目的としていることを思いあたって、微笑のうちに、あなたを仰ぎ見ることを得させてください。

8月8日

時が良くても悪くても……。（IIテモテ四・二）

主権者にましますの神よ。

この瞬間にも病に倒れる者があり、大事故に遭う者があり、そしてこの瞬間に息を引き取った者もあることでしょう。

私が、こうして祈りに静まり、姿勢を正していること自体、大きなあなたのご摂理の中にあってのことだ、と思い知ります。

この心臓の一打ち、脈拍の一鼓動、この一呼吸すべてが、あなたの主権のうちに許されていることを覚えるとき、これも主が何とかして私の救いを成就させ、ご自身のご栄光を現させるためのものだと自覚させられて、身も引きしまります。

願わくは、今日の時々刻々がそうした大きな御心のために、せっかく与えられている時間であることをわきまえて、貫く用いさせてください。

8月9日

受けるよりも与えるほうが幸いである。（使徒二〇・三五）

愛する主よ。どんな時にも、私の前には輝く足跡があります。主イエス・キリストの御足跡です。うれしい時、悲しい時、得意の時、失意の時、どう歩むべきかをその御足跡は指示しています。けれども、それが私の思っているのとは逆の方向であることに戸惑ったり、不愉快であることが、なんとしばしばあることでしょう。

しかし、どうか事が私の思いどおりにならないようにしてください。なぜなら、私は私の欲しないように導かれる時にこそ、正しいことが多いからです。

いつも得ようとはやる心に、失うことを教えてください。いつも与えまいとがんばる手から奪い取ってください。その時、鈍い私の心は、あなたこそまことの主権者であられることを思い知って、今一度自分の生き方を検討させられるからです。そして、やがて引算が足算であり、割算が掛算となる、という不思議な奇跡に、あなたの微笑をかいま見させてください。

8月10日

あなたがたのうちにある希望について……。（Ⅰペテロ三・一五）

私の助け手にまします神さま。路傍の一むらの花は、道行く人を喜ばせ、一本の大樹は炎天下に涼味を振舞って、その陰に憩う人々を親しく語り合わさせます。私も、そのようにありたいと願います。私は日夜、いろいろな人々と会い、話し、すれちがいます。その時、その人々に、さわやかなキリストの香りを放ち、その余薫《よくん》を人々に移す者でありたいと願います。

使徒ペテロは、「あなたがたのうちにある希望について説明を求める人には、だれにでも、いつでも弁明できる用意をしていなさい」（Ⅰペテロ三・一五）と言いました。ということは、クリスチャンたる者は、人の目に希望を持っていることがわかる人であるということです。その心の中にある希望が、おのずから外に光を放っているということです。どうか、私も、人から、あなたのその希望の秘密は……と、問われるほどの輝きを放っていますように。

8月11日

水は甘くなった。（出エジプト一五・二五）

天にまします神さま。あの出エジプトの旅路で、シュルの荒野に三日間水がなく、ようやく見つけたマラの水は苦くて、民みな絶望の時に、あなたが下さった一本の木は水を甘くしました（出エジプト一五・二五）。

また、カナの婚宴で大きな水がめ六杯のただの水は、主の一言で天来の飲み物と化しました。いや、毎年降り落ちる雨水はぶどうの木、りんごの木、ももの木、かきの木を通して、なんとすばらしい果汁に生まれ変わっていることでしょう。

神さま、私の心にも一本の木――そうです、十字架の木を差し込んで、人も獣も辟易《へきえき》する苦い水を、甘くさせてくださいますように。

そして、だれもが等しく受けている日常の経験を、そのまま川に流してしまうのでなく、私を通すことによって、人を喜ばせる甘露の味に生まれ変わらせることができますように。

8月12日

神は天の高きにおられるではないか。(ヨブ二二・一二)

創造主なる神さま。夏の夜空を仰いで、天の川の神秘的な巨大な輝きに見入るとき、私は自分の小ささを、卑しさを、はかなさを思います。

そして、こんな偉大で厳粛な天空をつくられたあなたが、本当に私のような者を覚えていてくださるのだろうか。ましてや、人となって身代わりに十字架にかかってくださったのであろうか。今も私を心にかけていてくださるのであろうか、と息をひそめます。

天動説の昔ならばいざ知らず、この地球も大宇宙をさまよう一個の星屑《ほしくず》でしかなく、そのうえに二本足で立ってわずか数十年のいのちしかない私。

本当なのでしょうか。こんな私があなたに今日も覚えられ、その子とされ、やがてあなたにご対面できるというのは。信じます。みことばのゆえに。お約束のみことばのゆえに。ありがたい福音です。

8月13日

主の足もとに座って……。（ルカ一〇・三九）

聖なる神さま。

ヤコブとヨハネの兄弟は、主の御国で、王の王の左右に座らせてくださるようにと、願い出ました。その壮大な願いと、大胆な申し出のほどには恐れ入ります。

そして、ヨハネは臆《おく》することなく、主の御胸に寄りかかりました。私のような小心翼々《しょうしんよくよく》たる者には想像もできないことで、うらやましく思います。

けれども、私にも、せめてもの願いはあります。あの長血の女のように、あなたの衣に触れさせていただくばかりか、マリアのように、あなたのみそばに座して、みことばを静かに聞かせてくだされば、という願いです。

今日も、多忙な日となります。しかし、ふとした折に、みことばを開いて、あなたご自身の教えを耳にする時をお恵みくださいますよう。

8月14日

神のすべての武具を取り……。（エペソ六・一三）

全能の主よ。

私は、あわただしく、世に走り出《い》でようとしています。何の武具もつけずに、待ちかまえる悪魔との戦場に飛び出そうとしています。そんな不用意を重ねているうちに、ついに悪魔の餌食《えじき》になって、信仰の骨をさらした友がいます。

今日が悪魔との死闘の日かもしれません。腰を落ち着けて、神の武具をしっかりと取り付けさせてください。腰には真理の帯、胸には正義の胸当て、足には平和の福音の備えと、いちいち声を出して取り付け、信仰の大盾に、救いのかぶと、そして御霊の剣で武装は完成です。

しかし、武装が完了したら、もう一度、その姿でひざまずいて祈らせてください。自分とともに全世界で戦闘を開始しようとする友のためにも、祈らせてください。

8月15日

自分の前でラッパを吹いてはいけません。（マタイ六・二）

天にまします神さま。人はよい評判を得るためには、骨身を枯らし、財産を投げ打っても努めます。なるべくたくさんの人々の口に自分の名前がのぼるよう宣伝これ努め、だれよりも自分の評判が高くなることに浮身をやつします。

しかし、世の中で高名、教会で悪名ということがあるように、地上で有名、天上で無名ということもあります。いや、もっと突っ込んで言えば、教会で美名、天国で汚名ということだってありましょう。

現実の天上で輝く一等星は、地上で、教会で、無名な聖徒なのではありませんか。主よ、そのことを考えさせてください。そのことのゆえに、日頃の疑問を解きほぐさせてください。地上は地上です。天上は天上です。人の世界は人の世界です。しかし神の世界は神の世界です。ただあなたに覚えられている者でありますように。天で私の名前が呼ばれますように。

8月16日

子どもと家庭をよく治める人……。（Ⅰテモテ三・一二）

ご慈愛深い主なる神さま。私の家庭についてお祈りいたします。旧約の昔から家族は教会を構成する単位でした。何のなにがしとその一族、あるいはその子孫という文字はその原理を示しています。

一人信ずれば、その家族もバプテスマを受けました。どうか、この良い意味での信仰上の家族主義を復興させてくださいますように。私の身内の未信者のために祈らせてください。そして、私自身の家族の信仰の確立、ことに、あなたが与えてくださった子どもたちの霊的な成長のために。

かつての母親たちは幼子を主イエスのもとに連れて来て、祝福をこいねがいました。今日、競技場や買い物や旅行に連れて行くとともに、いや、それをやめてでも、主イエスのみもとに連れて行くこと、それが最上の子どもたちへの祝福であることを銘記させてくださいますよう。

8月17日

目があっても見ることがなく、耳があっても聞くことがない。（エレミヤ五・二一）

私の救い主の神よ。

私は目があいていても何も見ていない時があり、耳があいていても何も聞こえない時があります。心がそこにないからです。注意がないからです。

主イエスは、いつも永遠の真理を語られた後で、「耳のある者は聞きなさい」と、聴衆の面々を見渡されました。また、誘惑に陥らないよう、目を覚まして祈っていなさい、と慨嘆されました。

目を凝らせば、路傍の草の花びらに彫り刻まれた綾錦《あやにしき》の美しさに驚くことができ、耳を澄ませば風の音にまじるかじかの合唱も聞こえてきます。

くれぐれも、私のこの目があなたの御手を見落とすことなく、この耳が、前からも後ろからも右からも左からも、ささやかれているあなたの御声を聞きもらすことなしに、最高の働きをなしえますよう。

8月18日

あなたこそ私の神です。（詩篇三一・一四）

私の心を知りたもう神よ。私が人々の前で話をしたり、告白したり、賛美したりすることは、隣人を救いに誘い、教会の徳を建て、あなたの栄光を現す偉大な特権です。けれども、私が人々の前で語るところは、私があなたにあって生きているいのちのほんの一部でしかありません。私の心のうちには、もっともっとたくさんの、秘密の語られていない恵みの世界が展開しています。

それは、私とあなたとの間だけの個人的な福音で、一生涯未公開に終わることでしょうが、それは私の宝の箱であり、黄金の家です。主よ、どうか、マネキン人形のように外見だけの人生となることなく、内に豊かな、満ち足りた、あなたとの深い会話と、応答の人生を広げる者でありますよう。あなたと私の交わりの結晶である宝石をもって、いよいよ宝の箱を満たし、黄金の家を飾らせてください。

8月19日

新しいいのちに歩むためです。（ローマ六・四）

恵み深い御父よ。

私は、自分の罪をあなたの御赦しよりも大きく考えて、不必要な恐れにくずおれてしまうかと思えば、逆にあなたの御いつくしみをいいことにして、罪にのめり込み、居直って、恵みの強盗と化してしまう者です。

あなたの恵みを隠れみのにして、悪事に手を染め、我を忘れる恐れがあります。しかし、あなたの御愛は、怠け者のハンモックや悪者の乳母車ではありません。あなたの御愛《アガペー》は、受肉と贖罪です。御座を捨てて人に同《どう》じ、人のためにいのちを捨てる道です。

その御愛をわきまえず、その御愛の主を悲しませる生き方や仕業《しわざ》におぼれることのありませんように。主の御愛の何であるかをわきまえて、主のために生きる者でありますように。

8月20日

目に見えないものを……。（ヘブル一一・一）

美の源であられる神さま。

あなたを知ってから、天地を見る目は変わりました。今までは、日や月や星を見て、その輝きを愛《め》でるだけでしたが、今はそのような巨大な光を大空に掲げたもうお方は偉大なるかなと叫び、それも、あるいは烈々と照らさせるかと思えば、やさしくキラキラとまばたかせたもうみわざの精巧さに、感嘆の声をあげる者となりました。

一輪の花に、その実のみか、はかない生命の草を、このように装いたもうご慈愛を見、一羽の鳥にも、これを日々養い、精いっぱい歌わせたもう御いつくしみを思って、礼拝をささげる者となりました。

一目で見えるところで尽きず、その奥、その背後に、見えない大きな、そして微妙な御手と御心を礼拝するしあわせを感謝いたします。

8月21日

騒がしいどらや、うるさいシンバル……。（Ⅰコリント一三・一）

私の牧者にましますます主よ。私が隣人のために、物を施しながら、心の冷えた者でありませんよう。むしろ、心熱いがゆえに、施しをしなければたまらぬという者とさせてください。

あるいは隣人は、私が心をこめない施しに喜んでお礼をしてくださいます。けれども、その時、私の心は決してうれしくありません。むしろ、しなかったほうがよかったと悔いを残します。「たとえ私が持っている物のすべてを分け与えても、たとえ私のからだを引き渡して誇ることになっても、愛がなければ、何の役にも立ちません」（Ⅰコリント一三・三）というみことばの雷鳴に苦しむからです。

手の向くまま、口の動くままでなく、心をこめて事を行うことができますように。そして、施しの見返りを数え出すときには、施しそのものを忘れ去らせてくださいますように。

8月22日

わたしはすぐに来る。（黙示録三・一一）

聖なる神さま。時代はセンセーショナルな上にも、センセーショナルとなっていきます。声は声を呼び、音は音を呼んで、ますます扇動的となっていきます。

私も、知らないうちに巻き込まれて、おのれを失いかねません。初めはボソボソと言い出された背徳の声は、次第に大きくなって、私を吹き飛ばすようにあざわらいます。何をそんなにビクビクしているのか。みんなもやっているではないか、と。一度かぎりの人生なら、謳歌《おうか》するにしかず、と。

また、かすかな背信の靄《もや》は見る見るうちに真っ黒な入道雲のように発達して、おおいかぶさります。今時、神だの永遠だのなどと信仰にこらず、適当にせよ、と。

そんな声は、日ごとに増幅されています。どうか、私まで共鳴し出すことのありませんように。むしろ、それら時代の声を制圧して近づかれる主イエスの重々しい足音を聞く耳を開いてください。

8月23日

あなたは恐れない。夜襲の恐怖も　昼に飛び来る矢も。（詩篇九一・五）

避け所なる神さま。時として、私の頭上で、また私の前後左右で、矢が払い落とされる音を耳にします。日夜、真実の盾をもって私を守ってくださる、あなたのお働きのしるしです。時には、必殺の強弓《ごうきゅう》から発せられたらしい猛烈な矢を受けとめたような鋭い響き。時には雨と降る矢を、ひたすらはじいているらしい川の流れのような音。

あなたはどんなにか盾をひるがえして、悪魔の攻撃の火矢を防いでいてくださることでしょうか。それを知らずに、感謝の少なかった自分を憎みます。

もちろん時々、私を傷つけるような矢もあります。けれども、それはあなたの盾を通って来たもので、力も弱まった、ひょろ玉であり、決して私に致命傷を与えることのないようにされたものに違いありません。今日も、あなたの盾に守られる、この心強さを感謝いたします。

8月24日

あなたの愛は、ぶどう酒にまさって麗しく……。（雅歌四・一〇）

慕いまつる神さま。どんな山海の珍味も、ただ話の上、思いの上だけでは、真にわかりません。それを手に取り、口にし、味わってみるとき、初めてその真価にうなって、喜びを実感するのです。

ましてや、あなたの御愛について見聞きするだけでなく、これを身をもって体験するとき、その無限の味わいに驚嘆するのです。この御愛ばかりは、味わうほどに深みを増して、あきることがないのです。

ヨハネは、よわい百歳になんなんとする老境にも、なお「御父がどんなにすばらしい愛を与えてくださったことでしょう」と賛嘆しました。若き日から知っていたはずの御愛は、年齢《とし》とともに彼を驚かせたのです。

この先輩ヨハネに比べると、私はなんとも御愛知らずです。もっと、もっと、体得させてくださいますように。日常茶飯事、行住坐臥《ぎょうじゅうざが》の折々にも。

8月25日

あなたも行って、同じようにしなさい。（ルカ一〇・三七）

天に昇られた主イエスさま。

今日は、あなたが地上でもらされたご同情のうめきと、流された涙を覚えさせてください。あなたの前には、人のうちでも最も悲惨な人々が、入れ替り立ち替わって登場し、その心中を申し上げました。

そのたびに、主は、それは罪という君の〝身からでたさび〟だ、などと突き放されず、かえって深い同情をもって、時には涙さえ落とされて、いつくしまれました。

ありがたいご同情です。私を罪から救うために来られたあなたは、また罪の現れである不幸からも救おうと、心を痛めておられるのです。

どうか、私にも、その心をお与えください。私自身が主に慰められ、励まされた経験を覚えるばかりでなく、自らも身につけて隣人にそれを実践させてくださいますように。

8月26日

ここは神の家にほかならない。（創世二八・一七）

在天の主なる神さま。呪《のろ》いたくなるような流浪の旅路も、やるせない病床のどん底も、測りがたいあなたの教習・訓育の道場です。あのヤコブは放浪し、ハランの野に倒れ伏したとき、天と地が一つのはしごで結ばれて、天使たちの上り下りしているのを見ました。もし彼の人生が順調だったとしたら、彼はついに天を知らず、天を思わず、地のことだけで終わった男だったことでしょう。

この世的であくなき俗心には、窮境を恵み、苦境を賜うことによってより高い世界へと打開させ、生まれ変わらせてくださる、あなたのご薫陶《くんとう》の御手が、私の上にも置かれていることを信じます。今日、これからぶつかる困難、障害も、その天との交通に目覚めさせてくださる、あなたのよすがだと直感して活用させていただき、今日が私の一つのベテルとなりますように。

8月27日

だれも彼らを、父の手から奪い去ることはできません。（ヨハネ一〇・二九）

全能の神さま。社会には保険制度があります。また貴重品預かりの保障制度もあります。厳重な鉄扉《てっぴ》といくつもの鍵で守られて、地震にも火事にも大丈夫という。けれども、これがいったん霊魂となると、保険も保障もありません。霊魂だけは、虎狼《ころう》のほえたける中を、自分一人で守っていかなければならないうそ寒さです。そのために、財産は大丈夫でも霊魂は破滅、という惨劇が多々起こるのです。

けれども主よ、私には最強のガードマンがあります。その腕にかなう者はなく、何者もその御手から奪い取る者とてない全能者が、私の霊魂を常時見張っていてくださいます。かつての悪事をあばいて、私の霊魂を自滅させようとする意地の悪い中傷者が来ても、この警護者はたちまち弁護者となって私を確立させてくれます。

今日も、「神が私たちの味方であるなら、だれが私たちに敵対できるでしょう」と、雄叫《おたけ》びをあげさせていただきます。

8月28日

主よ　あなたは私を探り　知っておられます。（詩篇一三九・一）

いと高きにましますす神さま。あなたの御前で、かくれんぼはできません。あなたの御前に目隠しを立てることはできません。

それなのに、罪を隠し、咎を丸め込もうとする私の根性は、なんと愚かで卑しいことでしょう。

しかし、そんなことを、あのダビデほどの人もしてしまいました。

いかに賢い人も、ふとすると、お話にならない児戯《じぎ》に等しいようなことを演じてしまう例です。

ましてや、私は、そのようなことのなんとも多いもので、顔をあげることができないくらいです。

くれぐれも、人目をごまかす、その場かぎりのつじつま合わせや、あざむきを演じて、肝心のあなたの審判の御目にさらされることのないよう、主をいつも目の前に置いて歩ませてください。

8月29日

空中で主と会うのです。（Ⅰテサロニケ四・一七）

私の救い主であられるイエスさま。やがてあなたと顔を合わせてお会いするという約束は、何と言ってよいかわからない興奮です。

私のためにいのちを捨ててくださった大恩のお方にお会いするとは、もったいなくて仕方がありません。いったい、私のような者をだれだと思って、いのちをかけたもうたのか、ただもったいないかぎりです。

けれども、そんな私の手を取ってくださるあなたであるに違いないと思うと、また胸が熱くなります。きっと、あなたは私が今想像しているより、何十倍、何百倍もいつくしみ深く、あわれみ深いお方であられることでしょう。

その時には、地上でささげていた感謝が、なんと貧弱に見えることでしょう。悔やまれることでしょう。ああ、どこまでいっても尽きない、この興奮に生きる私は幸福です。

8月30日

心を新たにすることで……。（ローマ一二・二）

贖い主の神さま。

恥ずかしいことに、私はあなたに贖われながら、あなたのものであることを喜んでいながら、一方には、ふとあなたから離れよう、あなたに背こう、という衝動がうごめくのを覚えます。その時、古い人の強さを実感します。どうか、私をささげられた者として、祭壇の角に綱で結わえつけてください。もはや勝手に、もと来た道をすっとんで帰ることのないように、しっかりと結びつけてください。

なお、私の心の奥座敷に居座っている古い人をほうり出して、心の隅々まで、どこの部屋も開け放ってあなたの光を入れ、御霊の風を満たし、主の御用に供することができますように。そして、追い出したはずのもとの悪霊が、さらに七つの仲間を引き連れて住み込むことなど（ルカ一一・二六）、金輪際《こんりんざい》ありませんように。

8月31日

エベン・エゼルという名をつけ……。（Ｉサムエル七・一二）

主よ。痛めつけられれば痛めつけられるほど、神に願っていくという霊魂は、サタンも攻めあぐねます。そのうえ、妻子を、友人を、健康をもはぎ取られて、なおあなたを賛美し続ける者には、悪魔も感嘆をもらすことでしょう。

その状況は暗く、光一筋ささず、生きる望みが絶えはてても、なお微笑を絶やさない聖徒にサタンは音《ね》をあげるでしょう。

けれども、逆に、すべてが順調で、光明に満ち、健康も上々で、家族無事な上に事業また順風満帆の中にもあなたを忘れない者、あなたを侮らない者、一切の栄光をあなたに帰したてまつる者。その者にこそ、サタンは完全に手をあげて降参することでしょう。

逆境の時に神を思うよりも、順境の中で神を拝することの至難さを銘記させてください。

9月

9月1日

世の光として輝くため……。（ピリピ二・一六）

摂理の神さま。爽涼《そうりょう》の九月です。秋草は咲き乱れ、夜空は銀盆のような月をかかげ、草間では虫が演奏会を開き始めます。その代わりに、荒々しい暴風雨も来襲します。残暑もなおそのすそを引きずっています。

虫の音の静けさと暴風の騒ぎと、名月の清らかさと残暑のけだるさと、それらの交錯するこの月は、私の人生にも悲喜こもごもの月日となることでしょう。

激しい夏の暑さに耐えた秋草は、その色も濃く、鮮やかに見えます。私も暑気《しょき》との戦いから解放されて、精いっぱい内につちかってきた花を咲かせて、秋の色合いをもって、あなたに愛《め》でられたいと思います。

たとえ無情の暴風が吹こうとも、しっかりと実を結ばせようと思います。そして、あなたの輝きをまともにお受けして、中天にかかる名月のように、光り輝きたいと思います。

9月2日

耐え忍んでいるなら……。（Ⅱテモテ二・一二）

忍耐に富みたもう神さま。私に持続力をお与えください。貫徹する力をお恵みください。だれもが走り始めても、走り続ける者となると少なく、ましてや、走り通してゴールに飛び込む者はまれです。

私の血肉は興奮しやすい代わりに、他愛もなくへたり込むものです。きのうはラッパを吹き鳴らし、人一倍得意然《とくいぜん》と走り出しながら、今日は、もうつぶやいて同僚にもレースの放棄を呼びかけだします。

私がため息や悲鳴をあげ始めたら、パウロのいのちをかけた真剣さを思い出させて、黙らせてください。私が毒のことばでつぶやき出したら、賛美に終始したヨブの崇高さに恥じ入らせてください。

忍び耐える力において寡黙《かもく》な勇士とさせてください。こんな忍耐のない者を、なお忍耐して、養育したもうあなたの忍耐を仰いで。

9月3日

目の見えないパリサイ人。まず、杯の内側をきよめよ。（マタイ二三・二六）

聖なる救い主よ。あなたは私の一切をご存じであられます。外に現れた私の行為も内に秘めた心の思いも、あなたは手にとるように照覧しておられます。あなたの御前に、かくれんぼはできないのです。あなたの御目の前には、ついたてを立てることも、幕を引くこともできないのです。どうか、手を洗って心を洗わず、顔をぬぐって心をぬぐわぬパリサイ子となってしまうことのありませんよう。金蒔絵《きんまきえ》の宝石箱の中に、まむしやさそりを飼うような恐ろしいこととなりませんように、私をお守りください。

私の心は時として、卑しい目と獰猛《どうもう》な口ばしを持った暗やみの怪鳥と変じて、羽ばたきます。自分でも恐ろしくなる猥雑《わいざつ》な飛行をします。どうか、あなたの聖なる光をもってこれを退散させ、恵みの露に光る聖なる陽光をもって私の心を静め、きよめ、高めてくださいますよう。

9月4日

金や銀にするように、彼らを純粋にする。（マラキ三・三）

聖なる聖なる神よ。

あなたの御前にあっては、光りきらめく空も、銀盆のような満月も、ちり一つない白菊も、清くないことでしょう。回転の影すらないあなたの御前には。

しかし、どうか私を見捨てないでください。私のこの心を、日々、少しずつでも、丹念に洗ってください。澄ませてください。みがいてください。

たとえ、犬のように吐いた物にもどり、豚のように、洗った身をまた泥の中に転がすようなことをしても、なおなお見捨てず、拾い上げ、清めてください。

そして、人前の見てくれを飾り、華々しく見せるのでなく、あなたの御前で清らかに美しくなることができますように。だれの目にも触れない谷間に咲きにおい、ただあなたに愛《め》でられるゆりの花のように。

9月5日

主は、その道がつむじ風と嵐の中にあり……。（ナホム一・三）

万軍の主なる神さま。

嵐は乾いた大地と人々に、待望の水をたっぷりともたらし、木々からは不要、無用の枝葉を取り去り、季節を移り変わらせます。

嵐は一見、恐ろしく、災難のかたまりのように見えながら、その反面、他のまねすることのできない役割を果たしているのです。

ナホムは、復讐の神、怒りの神、憤りの神を人々に指し示した雄偉《ゆうい》な預言者ですが、主は怒られるが、怒るのに遅いお方、それも、つむじ風と嵐の中にも道を用意しておられるお方と、過《あやま》つことなく神を見ていました。

いつも、そよ風の中で眠りこけ、順風に舵をまかせている者に、旋風を見舞い、烈風を送って、ご自身をおそれさせるのはあなたです。このことで気づく幾つかのことを思い出して祈ります。

9月6日

わたしは雲の中に、わたしの虹を立てる。（創世九・一三）

救い主にましまし神さま。あのノアの洪水の時、四十日四十夜の大降雨と大出水のため、世界に望みはなくなりました。たとえ、水は止まっても、もはや二度と青空はもどらず、青い海も帰ってこないであろう、と思われました。

けれども、やがて、空にかかった七色の虹は、なんと美しく、鮮やかで、希望にあふれていたことでしょう。それは、まさかと思われるほどのあわれみと励ましのしるしでした。

その虹は、私の人生にも美しくかかります。一時は、一切の希望もとだえて、人生の小舟の中に頭をかかえて震えるばかりとなっても、やがて周囲は静まり舟も止まって、仰いだ空に、まだ残っている暗雲を背景として、あなたの赦しと励ましの虹を見ます。豪雨の後の虹！　首《こうべ》をあげて、今日もその虹を人生の行く手にさぐらせてください。

9月7日

ただ生きている者だけが、……あなたをほめたたえます。（イザヤ三八・一九）

慕いまつる神さま。よく詩人や預言者が「死にあっては、あなたを覚えることがありません。よみにあっては、あなたをほめたたえることはできません」と言っているのに引っかかります。復活のいのちがあるのに、なぜそのように叫び出すのかと、いぶかしく思われます。死後の世界の存在を知らないのだろうか、と。

しかし、主よ。私は、はっとして詩人たちの前に首《こうべ》を垂れます。生きているうちに、あなたを熱烈に覚えたい、今という時に、あなたを存分に賛美したい、という彼らの心根に打たれるからです。そうです。死後の世界をあてにしているうちに、今の時の私の礼拝や賛美がおろそかになっている危険のある私です。賢ぶって、実は不熱心な私です。今のこのいのち、それはあなたを礼拝し、賛美するために許されているいのちであることを、詩人や預言者のように熱く自覚させてください。

9月8日

走るべき道のりを走り終え……。（Ⅱテモテ四・七）

いつくしみ深い主よ。

信仰は生涯のマラソンです。だれもがいっせいに走り出しながら、その長さゆえに、ついさっきまで肩を並べていた僚友が、すっと姿を消し、自分を導いてくれたコーチの先輩が、哀れな姿になって倒れていきました。

私のような者が、ここまで走れたのは不思議です。しかし、先なる者は後に、後なる者が先にと、この競走はなお熾烈《しれつ》に続きます。どうか、このまま最後まで完走できますように。沿道をのんきに走っている人々に心が移って、もうやめたほうが、と思う誘惑に勝たせてください。目の前に迫る坂道に、自分にはもう力は尽きているのでは、という恐怖を乗り越えさせてください。私にも、義の栄冠が用意されており、正しい審判者であるあなたがそれを私に授けてくださることを確信して。

9月9日

外なる人は衰えても、内なる人は日々新たにされています。（Ⅱコリント四・一六）

助け主であられる神さま。私は生きる反面、死ぬ者でなければなりません。私の新しいいのちの芽を、日々に伸ばし、育てていくとともに、私の中の古い根を時々刻々断ち切り、滅ぼしていかなければなりません。

この両面の作業を忘れるとき、私の生涯は病んできます。どんなにみことばを読み返し、熱く祈り、奉仕に精出しても、古い欲望や習慣の毒が断たれないかぎり、むだとなってしまいます。

一方、古い根を断つことにばかり神経質になって、切り取り、むしり取り、引き抜くばかり、芽に水をやらず、日にもあてずでは、新しい生命そのものも枯死《こし》してしまいます。

新しい生命を開花させ、結実させることは、一生の作業です。どうか、丹念に、慎重に、両面の作業を並行していく知恵をお与えくださいますように。

9月10日

正しい人を招くためではなく、罪人を招くためです。（マタイ九・一三）

私の神さま。

私の心は、なんと罪にまみれ、不潔な思いで腐れ切っていることでしょう。きのう今日だけでも、たくさんの罪咎を覚えて、顔が熱くなりますが、それからそれへと今までの生涯の罪咎の思い出が一勢に襲来すると、私は望みを失って、震えるばかりです。悪臭を放つ、手のつけようもない病人である私は、深い絶望に息をひそめます。

しかし、主よ、なお思い切って、こんな私をあなたの御前におささげいたします。あなた以外に持って行き所がないからです。

どうか、あなたがどんな罪人をも愛し、御自らの血をもって洗いきよめてくださる救い主にいますことを、私に、かたく信じさせてください。決して、自分なりに、救い主の御愛を小さく見切ってしまわないようお守りください。

9月11日
へりくだって、あなたの神とともに歩むこと……。（ミカ六・八）

主よ。私のこの一日の、速度を程よく制御してください。無暴に走り出して、後で隣人に迷惑をかけることのないように。また無気力にノロノロと動き出し、終盤にはいらだって霊魂を焼き切ってしまうことのありませんように。

また、語るべき時には語り、黙すべき時には黙すコントロールもお恵みください。行動を起こすべき時には、間髪《かんぱつ》を入れずに陣を進め、控えるべき時には、雷雨の中にも身動き一つしないたくましさをお与えください。

私の心は、新しく目ざましいことをしたいとはやります。けれども、必要ならば何度でも今までのことをくり返して、時を待つ強さをお恵みください。私の心の時計が、あなたの時計と合って、最もよい機会に事が計られ、私のこの一日を通して、御心が天に行われるように、地にも行われますように。

9月12日

私はシャロンのばら、谷間のゆり。（雅歌二・一）

愛にましします神さま。

私は古びたとびらのように、ちょっとした風にも哀れな悲鳴をあげ、腐った床のように少しの重さにもきしみ出します。

つくづく忍耐に欠けます。堪忍《かんにん》に欠けます。すぐ声を立て、人の注意を引いては、自分の苦難の押し売りをします。そのために多くの隣人が心配するのを、当然のこととします。実にわがままです。

むしろ沈黙を私にお与えください。目立たない微笑をお備えください。私の顔色のために、大切な隣人の気持ちを少しでもわずらわしたり、時間を浪費させないように心がけさせてください。その代わり、うれしいこと楽しいことは、すぐ隣人にも振舞って、喜びの輪を大きく広げていけますように。特に、私たちの抱いている希望について尋ねる人には、心を尽くして福音を伝えて倦《う》みませんように。

9月13日

わたしは運ぶ。背負って救い出す。（イザヤ四六・四）

天の神よ。あなたは私の岩、私の城であられるのに、まるで傍観者のように、遠く離れて無関心で、横を向いておられるように見受けられる時があります。ことに、私が危険の中にある時に、そのような感じを抱かされるのはたまりません。

けれども、私はそんな時、あらぬ方向に、神の影を追っているのです。あなたは、実は私と並んでともに苦しみ、私の後で追いかけてくる敵に、当たってくださっているのです。

耳をすませば、私の横で落とされているあなたのご同情の涙の音を聞くはずです。後ろのほうで追手の追撃を払いのけようとあなたが切り結ぶ剣の音、盾の音を聞くはずなのです。いや、よくよく見れば、もう足腰も立たなくなっている私を背負ってくださっている、広く暖かいあなたの背中を目のあたりにするはずなのです。ああ、私の神さま。

9月14日

今日、救いがこの家に来ました。（ルカ一九・九）

イエスさま。あなたは、私の家族の一員として臨んでおられます。私が食事する時も、仕事する時も、おしゃべりする時も、親しく臨んでいてくださいます。

家が困難に落ち込んで涙を流す時、だれよりも、あなたはたくさんの涙を流してくださいます。そして、良い事に出会って家中が喜ぶ時、だれよりも歓声をあげてくださっているのは、あなたです。いや、あなたは、家のだれもが気づかない悲しむべきこと、喜ぶことを、ひとりで悲しみ、喜んでいてくださっているのでしょう。

そして、家中が眠っている時には、あなただけ眠らずに、目を覚まして守っていてくださいます。あなたは私の家族の一員です。目には見えないけれども、確かにおられます。そのあなたをないがしろにしたり、隅っこに押しやったりせず、一家のまことの主として真ん中にお迎えして、貴びまつる光栄とうれしさをさらに味わわせてください。

9月15日

主の山には備えがある……。（創世二二・一四）

羊飼いであられる主よ。今日は私の友人のことを祈ります。それら友人を通しての恵みなくして、今日の私はありえませんでした。私も彼らのために祈らせていただきます。

特に、死の陰の谷を歩んでいる友人を覚えます。その痛み、その苦悶《くもん》、その不安に、やさしく臨んで、必ずや御国への希望に光をあててくださいますように。

その家族のため、彼が口にも出せない心配を十分聞き取ってくださり、万全の備えをなさる主であるあなたに一切をおまかせする平安をお恵みください。

そして、彼が成し遂げることのできなかった事業に対する残念をおおって、その事業は他の者が代わって引き継いでいくというビジョンに開放され、次々に展開されていくご経綸《けいりん》の盛んなことを仰がせてください。

9月16日

しかし　私は虫けらです。人間ではありません。（詩篇二二・六）

天地を統べ治めたもう私の主よ。なんと私はおのれ知らずなことでしょう。虫けらのくせに、すぐ王冠をつけて、王座にふんぞり返り、自分中心にすべてを引き回そうと気張っては、ついにあなたに対してしても命令するかのような態度になります。

どうか、こんな慢心の化け物となる私を、取りひしいでください。容赦なく打ちのめしてくださいい。いつのまに生えている角を折り、牙《きば》を切り落としてください。そして、「女から生まれた者が、どうして清くあり得るだろうか。ああ、神の目には／月さえ輝きがなく、星も清くない。まして、うじ虫でしかない人間、虫けらでしかない人の子はなおさらだ」（ヨブ二五・四―六）と大地をたたかせてください。

こけおどしのマンモスの虚像となるよりは、むしろ真実な一匹の祈り虫とならせてくださいますよう。

9月17日

神が私たちを召して……。（使徒一六・一〇）

唯一の主よ。私は時として、何の目的意識もなく、ふらふら一日を歩き回って、過ごしてしまいます。地上の頁が、無意味な空白となって、後で悔いるのです。

今日、あなたの行きたもう所に、私がまいれますように。その道が意外な所であろうとも、私が祈ったうえなら、主の道であることを信じて、足音も高く踏み込むことができます。そして、あなたが止まりたもう所では、しっかりと踏みとどまる者でありますように。それが自分の目には一跳びのように見えようと、主が止まられたら、無用な好奇心や冒険心で勝手に振舞って、不敬虔な大失敗を演じてしまうことのありませんように。

使徒パウロは、主の止まれ、進めに悩まされましたが（使徒一六・六―一〇）、それが、実は、ヨーロッパの天地に福音の第一声を伝える光栄への導きでした！　今、前途が見えなくても、主の導きを信ずる幸いを私のものとさせてくださいますように。

9月18日

この身にイエスの焼き印を……。（ガラテヤ六・一七）

在天の神さま。地上はまだあなたの再臨を待たず、いばらとあざみの生える所です。あなたに召された者らは、至る所で、いばらの針やあざみの刺《とげ》で傷ついています。

国外では宣教師が迫害されたとか、あなたを信ずる者が投獄されたとか、と耳にします。痛ましいことです。国内においても、兄弟たちが親や上司の無理解や友人同僚の誤解で、信仰生活を非難されたとか、仲間はずれにされたとか、と聞いて胸を打ちます。

でも、その主にある先輩や友たちにお教えください。それが主にある者の祝福だということを。それが主イエス・キリストご自身の道のりだったということを。そして、「私は、この身に、イエスの焼き印を帯びている」のだと誇らせてくださいますように。

9月19日

お話しください。しもべは聞いております。（Ⅰサムエル三・一〇）

主よ。私が、友人のため、隣人のため、家族のために善かれと努めたことが、初めから失敗したり、途中でそれたり、最後まで続かなかったりします。

そんなとき、私はその動機が正しかったか、相手のことをよく考えていたか、自分の立場と能力に相応していたかと反省します。

そして、それが自分勝手な思いあがりだったのではと痛感すると、すっかりしょげてしまいます。善をなそうとする心も失ってしまいます。もう出すぎたことはすまい、と自分の殻《から》の中に閉じこもってしまいます。

主よ。そんな私です。どうか、事をなす前に、まず何よりもあなたにお聞きし、御心ならば事をならせてください、と祈らせてください。そして、事をなしている最中も、いつもあなたの助けを仰ぎ、御心をうかがって、決して自分勝手な独走で迷路に迷い込み、倒れてしまわないように気をつけさせてください。

9月20日

イエスが愛された弟子……。（ヨハネ二一・二〇）

私の救い主よ。

与え手がいのちをかけてまで、真剣であり、日夜をおかず熱心であられるのに、それを私が生あくびをしながら、杯に受けるだけではなりません。

あなたの裳裾《もすそ》に、触れるだけにとどまってはなりません。自分の髪の毛をもってあなたの御足をぬぐうのも、まだ十分ではありません。

あの幸いな使徒ヨハネのように、あなたの御胸に寄りかかるほどの者であってこそ、十二分と申せましょう。そこに、彼の〝イエスの愛しておられた弟子〟という誇らしい自称があげられたのです。

あたかも、主の愛を独占したかのような自称です！　そして、ヨハネだけに、独り占めさせてなるものかと、私を挑発してくれる彼の自称です。もっと大胆に臆《おく》せず、あなたの御胸に寄らせてください。

9月21日

愚か者は心の中で「神はいない」と言う。（詩篇五三・一）

主権者にましまします神さま。

この世に悪の存在すること、ましてその強盛なことから、多くの者らは神なしと叫び、審判なしとし、自らも負けじ劣らじと悪に染まり、いよいよ自暴自棄へと走ります。

けれども、反面、その悪の存在は、少数の者をして、それゆえにこそ神はいますと確信させ、審判は必ず下るとし、悪と対決して、いよいよ自重自戒させます。

同じ太陽の熱が粘土を堅くするかと思えば、氷を解かすように。私は、かつて前者でした。それが百パーセントの正論であり当然の帰結だと力んでいました。

しかし、今は完全に後者に変わりました。私の考えが、皮相的でなく本質的になったからです。人の悪の程を知るようになったからです。神の審判の深さを悟りえたからです。あなたに耕されたこの霊魂をもって、今日もあなたに祈ります。

9月22日

御霊《みたま》によって祈りなさい。（エペソ六・一八）

慕わしき主イエスよ。今年もあなたの御名において、祈って月日を経てきました。朝に、昼に、夕に。部屋で、路上で、車中で、職場で。

しかし、私の祈りは習慣に流れたり、片寄ったり、間違った方向に傾いたりする危険があります。

使徒たちが、祈ることを教えてください、と願ったように、私も改めて祈ることを教えてくださるよう、時々お願いしなければなりません。

いつ、だれのために、何を、どのように、そして、どなたに祈るのか、を点検させてください。その一つ一つを改めるとき、意外な認識不足や、過ちを発見して恐縮します。

なんと、私の祈りの不規則で、狭くて、固定していて、無法な上に不敬虔なことか、と恥じます。主よ、今日は祈ることを教えてください。

9月23日

なぜ泣いているのですか。（ヨハネ二〇・一五）

神の独り子よ。

私は時として、無意識のうちに「だれかが私の主を取って行きました。どこに主を置いたのか、私には分かりません」（ヨハネ二〇・一三）という焦慮《しょうりょ》のとりこになっていて、はっと気づきます。それも、よみがえられた当の主イエスご自身を目の前にしてなのですから、すっかり恥じ入ってしまいます。

あなたは、マグダラのマリアが失意に打ちしおれた時も、またシモン・ペテロが絶望のさ中に落ちていた時も、個人的に伴いたまいました。たとえ私の後に影がなくなったとしても、あなただけは私とともにいたもうのです。

それも、ただの道連れであるにとどまらず、私の贖い主、私のとりなし手、私の仲保者として、いつどんな時に神の審判の座に立たされても、私の前に立って、私を弁護してくださろうとしておられるのです。

9月24日

あなたがたの間で良い働きを始められた方……。（ピリピ一・六）

永遠にましますす神さま。あなたを拝しているだけでは、私の手足は古い我欲のあやつるところとなって、勝手に動いてしまいます。あなたが私の中にあって働いてくださらなければだめなのです。

どうぞ、私をあなたの住みかとして、深く内住したまい、思う存分働いてくださいますように。あなたの善しとするところを、ただにお進めくださるばかりでなく、なしてくださいますように。

私の中に、彷徨《ほうこう》する何頭かの猛獣——荒れ、ほえたけり、互いにかみ合う野性のままの猛獣——これらを統御して、見事に行動させ、華麗にして神聖なわざを演じさせてください。狼《おおかみ》は子羊とともに宿り、ひょうは子やぎとともに伏し、雌羊と熊とがともに草を食べるという奇跡を現して、あなたの平和を実現し、御心を推進してくださいますように。

9月25日

十字架の死にまで従われました。（ピリピ二・八）

救い主よ。私は今日もへりくだりと忍耐を必要とします。自分では、へりくだっていると思っていても、事実はそうでなく、自分では忍耐を尽くしていると思っていても、本当はそうでないことが、なんと多くあることでしょう。

それがこわいのです。人を見、人と比べるだけでは危険なのです。そこに、主イエス・キリストを見る必要があるのです。神と等しくあることを堅く保とうとは思わず、ご自分を無にして、仕える者の姿をとり、人間と同じようになられ、それもご自分を卑しくし、死にまで、十字架の死にまで従われた、へりくだりと忍耐の前には、いかなるまがい物のへりくだりも、似《に》て非《ひ》なる忍耐も、かぶとを脱いで降参せざるをえません。

へりくだりなら、あの主イエスのへりくだりを、忍耐なら、あの主イエスの忍耐をと、願わせてくださいますように。

9月26日

私たちは、さらに確かな預言のみことばを持っています。（Ⅱペテロ一・一九）

救いの神さま。年齢とともに、あなたの約束のみことばこそは、私の救いのいしずえであることを実感いたします。時として、私は救われていないのではないか、という苦悶《くもん》の泥沼に落ち込んで、観念してしまいます。

路傍の石も草も、空に輝く太陽も、月も、私をのけ者のようにながめ、耳もとを吹く風も、お前は救われていないのだよと、ささやくように聞こえます。そのとき、私はやっぱりそうか、と不吉な予感につぶれそうになります。私の心の中には、どこにも、それを跳ね返すだけの確信が見当たらない時があるのです。

けれども、私はみことばに頼ります。信ずる者は救われる、という明確なみことば。キリスト・イエスは罪人を救うためにこの世に来られたのだというお約束。それだけです。たとえ、天使たちが私を取り囲んで「お前は救われるものか」と怒号しようと、私はみことばを盾に、微笑して主の十字架を指さすことができます。

9月27日

主がお入り用なのです……。（ルカ一九・三四）

恵み深い神さま。私は自分の必要ばかりをお祈りしているようです。あれも欲しい、これも好きです、ああしてください、こうしてください、と。それも、必要を覚えない場合は、あなたのことを、てっきり忘れてしまう始末の悪さです。どうか、この物もらい根性を脱け出せますように。これでは、私が主となって、神をしもべとしているのにほかなりません。冒瀆《ぼうとく》です、不敵です。

もとより、あなたは何なりと、主の御名によって願いなさいと、手を広げてくださいます。私が願わない先に、もう私の必要を満たして、微笑んでくださることもあります。けれども、「主がお入り用なのです」という声には、即座にわが身をおささげする心を磨かせていてください。いや、それ以上に、私のほうから、「主よ、もしお入り用でしたら」と、申し出るほどの心根を植えつけてくださいますよう。

9月28日

私はいつも　主を前にしています。（詩篇一六・八）

天の父なる神さま。

あなたが私を覚えてくださる思いに比べられるなら、あなたを覚える私の思いは、なんと貧弱で、冷淡で、哀れなものでしょう。

どうか、そんな忘恩を退治させてください。何事かを計画するにあたって、まず、主を思う習慣をつけてください。事を成し始めるにあたって、主の助けを願う決まりをつけてください。事を行いつつあるとき、主の支えを実感することを、ならわしを身につけさせてください。そして、事を成し遂げたときには、何よりも、すぐあなたの祝福を礼拝する習慣をお授けください。

ダビデは、「私はいつも、主を前にしています」と言うことができました。なんという幸いな声でしょう。私にも、この声をあげさせてください。

9月29日

神の永遠の力と神性は……。（ローマ一・二〇）

全知の神さま。あなたの存在したもうこと、あなたの永遠の力は、天地に満ち満ちています。春まいた花の種は、見事な花冠を微風に揺らしています。あの三本指で植えた早苗は、もう何百倍の実を実らせています。そして、ぶどうの古木も、四方に張った枝が折れんばかりに房を垂らしています。

みんな、ただの雨水を吸ってのいろどりであり、増加であり、美味です。奇跡です。あなたの芸術です。生産です。あなたの全能にましますことのしるしです。

それに、雨水を供給させようと、あなたは何億トンもの巨大な水量を、鳥の羽よりも軽い雲にして空中を浮遊させたまいます。

さらには、光と熱のためにと、あの巨大な太陽を何の支えもなく空中に掲げ、さらには美しい夕焼けさえ見せてくださいます。今日も、天地に満ちるあなたのご威光を賛美いたします。

9月30日

あなたがたは枝です。（ヨハネ一五・五）

いのちの源にましますます主よ。あなたは、まことのぶどうの木であられます。天から降る水を地から吸い上げて絶好の美味に変えるぶどうの木に、ご自身をたとえられます。そのたわわな結実によって、人々ののどを潤し、喜ばせるぶどうの木に。

そして、あなたは私たちにも、そのような働きを求められます。しかし、本来の私ときたら、天からの恵みをむだにしてしまうばかりです。結実どころか、人を恐れさせる、お化けのような枯木です。

でも、あなたはちゃんと秘訣を掲示しておられます。「人がわたしにとどまり、わたしもその人にとどまっているなら、その人は多くの実を結びます」（ヨハネ一五・五）と。ありがとうございます。私が私自身で根を張り、幹を形造らずとも、あなたの一本の枝として接木されればよいのです。連なってさえいれば、実を結ぶのです。あれこれの工作をやめて、あなたにおらせてくださいますよう。

10月

10月1日

あらゆる慰めに満ちた神がほめたたえられ……。（Ⅱコリント一・三）

やさしい天のお父さま。あなたの豊かで手厚い導きのうちに、菊月十月に入りました。つい先日、みしみしとせり出した緑の青葉若葉は、いま紅葉します。山の紅は川に映って、これを赤く染めます。

その紅葉《もみじ》の山野をながめながら、私は私のために流してくださった主イエス・キリストの赤い血潮を思って、瞑黙《めいもく》します。私をすっかりおおい尽くしてくださった、その贖いの血潮に思いを沈めます。

そして、この月なかに行われる稲刈りにあたっては、一粒の種として、事実私のために死んでくださった主イエス・キリストの犠牲に思いいたって、ぬかずきます。

身にしむ秋冷の夜、人恋しく、家郷なつかしい時、私の霊魂をそっと抱いてくださるあなたの無限の愛の温かさに、私の主よ、私の神よ、と思わずささやかせてください。

10月2日

白い石を与える。（黙示録二・一七）

主よ。あなたは様々なイメージをもって、教会を激励してくださいます。その一つが白い石。それを受ける者のほかはだれも知らない、新しい名が書かれている白い石です。

古代には神々の名前か、自分のあやかる人にちなんだ新しい名前を小石に記して、身につける習慣がありました。だれにも知られない秘密の守り石として。

私も、かつてはそんな物に望みを託していました。考えれば、それは愚にもつかない空頼みであり、恥ずべき野望・野心のしるしでした。

しかし、今の私には天国に通じる白色の石があります。そこには、事実いのちまで捨てて愛してくださる主イエス・キリストの御名が刻まれ、その御名にちなむキリスト者という、新しい神聖な私の名前も記されています！　この目に見えない白い石を胸に抱いて今日も世に出る私です。

10月3日

キリストもご自分を喜ばせることはなさいませんでした。（ローマ一五・三）

寛容に富みたもう神さま。あなたの恵みを覚えるには疎《うと》く、おのが労を思うには誇大な私です。太陽、雨、水、土、空気はもちろんのこと、それに加えて特別に与えられている恵みは、ひとたび落ちついて思いを巡らせば、あまりに莫大《ばくだい》で、言い表すことができません。

それなのに、ささいな労や、ささげ物を誇らしげに見せびらかす子どもじみた浅薄さに気がつくと、恥ずかしくてことばもありません。

主は肉体を裂かれたというのに、血を流されたというのに、そしていのちを捨てられたというのに、この私は三度の食を欠かすことなく、畳の上に寝て、家族に囲まれて、ほんのちょっと人に言われたとか、お付き合いができないとかで、もう風船のようにふくれあがる不埒《ふらち》さ。おゆるしください。もっと、正しく、あなたが払われた犠牲と自分のそれとを比較することにいたします。

10月4日

キリストのことばが、あなたがたのうちに豊かに住むように……。（コロサイ三・一六）

主なる神さま。私が心にみことばをたくわえますように。私の心がみことばの文庫、宝庫となっていますように。

そうでないと、私の心は欲望の野獣たちが彷徨《ほうこう》する動物園となります。得体の知れない化け物が住まう幽霊屋敷となります。瓦礫《がれき》や塵芥《じんかい》がいっぱいに詰まったごみ箱と化します。かと思えば、クモの巣と、ほこりばかりの天井裏か、気味の悪い虫が息をひそめる縁の下のようになります。

私がこの心を、あなたの新鮮な、清潔な、美しく、温かく、気高いみことばで満たしていますように。その宝庫のとびらを開くとき、私の内から、御国のさわやかな風が、キリストの香りとともに、この世にもたらされて、人々を喜ばせ、高める者でありますように。

10月5日

杖一本のほか何も……。（マルコ六・八）

恵み深い主よ。私に単純さをお恵みください。あれもこれもと、アリのように集め、ワシのように握ろうとしているうちに、本末転倒して、第一にすべきことは後回し、どうでもよいことに心を腐らせる愚かさから救い出してください。

くつを頭にいただき、冠を足にはくようなこととなりませんよう。やはり、第一に神の国と神の義とを求め、何よりも神のご栄光を望み、専一《せんいつ》に主の御心を仰がせてくださいますように。

あれも用意しなければならない、これにも配慮しなければと、準備倒れになってしまうことのありませんよう。むしろ杖一本のほか何も持たずに旅立たされた弟子たちのように、自分のより頼むものとは何かを確かめたならば、そのたった一つのものをかざす、さわやかな心根、真一文字の生き方をもって、心すずしく行く者としてくださいますように。

10月6日

主が私を支えてくださるから。（詩篇三・五）

羊飼いにましますまし主よ。毎日巡りくる朝を新鮮に迎え、朝の恵みを味わう喜びに生かしてください。

「私は身を横たえて眠り　また目を覚ます。主が私を支えてくださるから」と、流浪の露営の夢でダビデは歌いました。ふと覚めた目の前の草葉の先に光る露の玉。それを見つめて、たちまち彼の胸にわき上がったのは、主が支えてくださるから、という思いであったとは、なんとも言えぬすがすがしさです。

もし毎朝、床《とこ》の上で目覚めて、この思いを催すことができたら、どんなにすばらしいことか、とあこがれます。それほどあなたにある生き方ができたら、と。

そして、やがての日、天国の栄光の朝に目覚めた時にも、主が支えてくださるから、という感慨深いことばを発する者でありますように！

10月7日

兄弟、姉妹……。（マルコ三・三五）

いつくしみ深いイエスさま。私はいつしかあなたにある兄弟・姉妹という、美しくも豊かな名で呼ばれる群れの一員となりました。血肉上のつながりのない、この霊的なつながりの格別な味わいを、私はどんなに感謝してやまないことでしょう。

世の中で貴ばれる同志、同輩、同行といった間柄にはない、この親密で、聖潔な絆《きずな》に結ばれて、私の生涯は孤独から救われています。私のことを、同じ一つ体の一部として私以上に案じてくれる仲間の存在は、私の支え綱です。

それはまた、私を独善から救ってくれます。傍若無人《ぼうじゃくぶじん》の荒野の一匹狼《おおかみ》のようだった私は、群れなす羊の一頭となって、思いやりということを教えられました。

そして、それはがんこさから私を救ってくれました。いろいろな考えや性質の兄弟姉妹と手をつないで、思想は柔軟にもまれ、考え方は多様に耕されました。こうして、あなたにある兄弟姉妹の間で、天まで導かれる恵みを感謝いたします。

10月8日

上にあるものを求めなさい。そこでは、キリストが……。（コロサイ三・一）

私の信じまつる父なる神さま。

私を愛してやまない救い主は、天に昇られました。いと高き、聖なる、栄光の御座に凱旋《がいせん》されました。主イエスは御子であられるからです。神であられるからです。けれどもまた、それは、ご自身を慕う私に、高きを願わせるためです。私にその聖《きよ》さを望ませ、栄光を仰がせるためです。

主イエスが、オリーブ山から天に昇られるのを見た弟子たちは、寂しくなり、なぜいつまでも地上にとどまってくださらないのかと、思ったことでしょう。けれども、その御心を知って深くうなずいたことでしょう。

日夜、あなたをお慕い申しあげては、高められ、聖《きよ》められ、栄光を受けることができる、この言い表しがたい貴い交わりを感謝いたします。

10月9日

「王の王、主の主」と……。（黙示録一九・一六）

私の主なる神さま。「君の国籍は」と聞かれたら、「日本」と答えます。しかし、そう答えた瞬間、私は一種の不満足を覚えます。そこで私は心の中で、私の国籍は天国・神の国・キリストの王国です、と口ずさんで、初めて満ち足ります。

もとより、私は日本人ですし、日本を愛し、日本に尽くします。けれども、私が日本人であるということは、絶対的なことではありません。

もしも、私において、日本国民であるということと、神の国民であるということとが衝突したならば、私はきっぱりと日本国民たることを捨てて、神の国民として立ちます。

人の定めた憲法よりも、あなたが賜った聖書に立ちます。人の立てた王でなく、王の王、主の主なる、もう一人のお方。あなたへの忠誠こそは私にとって絶対だからです。今日もそのことをお誓いいたします。

10月10日

全焼のいけにえより、むしろ神を知ることを喜ぶ。（ホセア六・六〔第三版〕）

真実にましまする神よ。時として、あの預言者の鋭い糾明《きゅうめい》の声を私の心の耳に貫き通してください。

「たとえ、あなたがたが、全焼のささげ物や穀物のささげ物をわたしに献げても、わたしはこれらを受け入れない。肥えた家畜の交わりのいけにえを献げても、わたしは目を留めない。あなたがたの歌の騒ぎを、わたしから遠ざけよ。あなたがたの琴の音を、わたしは聞きたくない」（アモス五・二二、二三）と。

今日も手を合わせて祈り、聖書を開いて礼拝します。一年三百六十五日、このような姿勢を取り、神聖なことばを吐きながら、実はあなたを不快にし、きらわれて終始することだってありうるのです。

恐ろしいことです。どうか私が真心をもって、あなたにお会いし、いのちを注いであなたと交わり、真実にあなたをお喜ばせする者でありますように。

10月11日

しかし、主は私とともに立ち……。（Ⅱテモテ四・一七）

万軍の主なる神さま。あのシモン・ペテロが見るも無残に背信し、ヨハネ・マルコは目もあてられぬ姿で敗退しました。

私も、日頃は強そうでありながら、なんともろく崩れ去ってしまうことでしょう。まるで、日に当たった氷の像か、雨にぬれた張り子の虎のように、あまりにも哀れな弱さです。

つい、今まで背負ってきた十字架が、急に重くなったような気がして、思わぬ挙に出る危険を持っています。

どうか、私を瞬間瞬間、強めてください。絶え間なく支えてください。一瞬のすきまを突くサタンの攻撃も命取りになりかねない弱さのゆえにです。そのために、おのれを強しと気負うことなく、率直に弱しと告白して、あなたに頼らせてくださいますように。

10月12日

立ち返って落ち着いていれば……。（イザヤ三〇・一五）

主なる神さま。今日も、私の前には仕事の海、責任の山が立ちはだかり、世間の轟音《ごうおん》が聞こえています。

どうか、あの巨大なモーターに巻き込まれて、私がバラバラになってしまわないよう、とらえてください。ことに、私の心が主体性を失って、支離滅裂となってしまわないよう。キリストの証人、神の国の相続者、主の兵卒としての姿勢を失って、強風に舞う紙くずのようになってしまいませんよう。私にしかるべき錨《いかり》をつけ、よってもって立つ基盤を確かめさせてください。

そして、もし、それでも、いつの間にか腰が浮き、宙に舞い出したなら、すばやく抱えて、あなたのご臨在の御前に引きもどし、引き据えて、神の子にふさわしい微笑を取りもどさせてくださいますように。

10月13日

一タラント預かった者は……。（マタイ二五・一八）

私の救い主よ。あの一タラントを地の中に隠したしもべのことが、私の脳裏をかすめます。その「さあどうぞ、これがあなたの物です」という賢ぶった言い草も、いまいましく思い出されます。

私があなたからの賜物を死蔵して、終わりの日に思いもかけないおしかりをこうむることのありませんよう。もとより、持ってもいない物を持っているかのように、見栄を張る虚飾はごめんです。

しかし、いかにも謙遜であるかのように見せて、実は賜物隠しの怠け者になる道は足もとに開けています。卑屈が謙遜の衣をまとい、怠惰が慎重の帽子をかぶっていることがあります。真の謙遜は、持てる賜物を懸命に活用することで発揮され、真の慎重は隣人に大胆に奉仕することにおいて光るものです。私の一タラントを存分に用いて「よくやった。良い忠実なしもべだ」と、お声を賜りますように。

10月14日

神は真実……。（ローマ三・四）

聖なる神さま。人はよく言います。こんな矛盾だらけの世の中、神なんぞあるものか、と。かつては、私もそううそぶいた一人でした。しかし、今は「こんなさかさまな世の中だからこそ、神はおられる」と、一層大きな声をもって言います。

「たとえすべての人が偽り者であるとしても、神は真実な方である」（ローマ三・四）とは、先人の人生哲学の総決算でした。よく世の実態を見抜き、また、よく神の本質に迫った結論でした。主よ、人の世の偽りゆえに、あなたの真実までも、汚してしまう短絡《たんらく》を防いでください。また、あなたの真実さゆえに世の虚像を見抜けない者となってしまうことのありませんよう。

人の世が、偽りのやみを濃くしていけばいくほど、あなたの真実の輝きを過つことなく仰ぎ見、その光を見つめれば見つめるほど、世のやみに身を引きしめるこの視点に狂いなく、今日も歩ませてください。

10月15日

生まれたばかりの乳飲み子のように……。（Ⅰペテロ二・二）

天の父よ。

私はすぐに分別くさい顔つきをしては、なぜですか、どうしてですか、と言い出して、あなたの志を受けようとしません。まして、下さるものが苦難に通じるものだと、なおさらのこと、その声は荒々しくなります。なんとも始末に悪い私です。素直さがないのです。

求めなさい、そうすれば与えられます、たたきなさい、そうすれば開きます、との約束を百も承知のくせに、どうして、求める声は小さく、たたく音は弱いのか。

私の中の何もかもが聖霊によって一新され、神に向かって純真にならなければなりません。そうです、子どものように、幼子のようにならなければなりません。

人間的な分別や常識のいばらにふさがれてしまっている私の霊魂を、赤子のようにしてください。

10月16日

その道は狭く……。〔マタイ七・一四〔第三版〕〕

天にましますの神さま。救いの門に入るとき、私は思い切って、今まで自分の宝としていたものを捨てました。それを背負ったり、ぶらさげていたりしたのでは、その狭い門から入れなかったからです。それは、一面、つらい痛い経験でしたが、神におまかせした軽快さは格別清涼なものでした。

けれども、それなのに、またぞろ門越しに、いろいろなものを取りもどしては背負い出し、ぶらさげ出す自分に気づいて、浅ましくなります。

あなたは、救いの門ばかりか、それに続く道も狭い、と警告しておられます。この道も、余計なものを持っていては渡れないのです。それを、あれこれと仕入れ直していこうとする愚かさはどうでしょうか。

門が狭ければ、道も狭い――くれぐれも、私が、救いに入った時の身軽さと清涼感を心がけて、神の住まいへまいれますように。

10月17日

キリストは、神の御姿であられるのに……。（ピリピ二・六）

あわれみ深い主よ。引き続き、へりくだりの霊を私にお恵みください。かつては成り上がりの道、お山の大将への道しかない私でした。カニのように目をつり上げて、その頂上までの道の、高さ遠さにあくせくし、いらだちました。

けれども、あなたにお会いしてからは、下を見る目を開けられました。成り上がりの道でなくて、へりくだる道。お山の大将への道でなくて、下僕となる道を脚下に見ました。

その道はまたはるかであり、どこまで行っても深遠であり、一歩ずつ下りれば下りるほど、身の引きしまる厳粛な道です。しかも、その道の真ん中にはっきりと印されているのが、まさに主イエス・キリストの御足跡であることを知ったとき、私は震えました。どうか私がこの道を行く興味を日々味わう者でありますように。そしてこの小道を行くままに、インマヌエルを悟ることができますように。

10月18日

私の父　私の母が私を見捨てるとき……。（詩篇二七・一〇）

永遠の父よ。人の世の愛の欠如、人と人との愛のもろさを痛感します。今日、愛ということばが頻繁《ひんぱん》に語られ、書かれながら、その価値はますます下落して、世の中は真っ暗になっています。しかしみことばには、すでに「私の父　私の母が私を見捨てるとき」と言い切られていました。実の父と母が実の子を捨てる……そんなことがあるのかという抗弁の口は、今日のいくつもの事件によってふさがれます。

せっかく愛を誓って結ばれた夫婦が、裏切り合って崩壊していきます。それでも、あなたの愛を知らなかった時は、何とかして人の愛を絶対なものとして信じようとしました。それがなかったら、何もなくなってしまうからでした。

しかし今は、絶対・永遠・不変のあなたの愛を知りました。それゆえ、無理な愛を人に要求いたしません。無謀な愛を誇示しません。あなたの愛に照らされ、それを反映して希望を掲げることができている私です。

10月19日

信じない者ではなく……。（ヨハネ二〇・二七）

主なる神さま。私はどこまで行ったら、あなたに専一《せんいつ》な者となりきれるのでしょう。恥ずかしいことながら、私の中には、なお世の中の磁石に吸い寄せられる鉄片が残っているのです。エジプトの肉なべを恋い慕ってはわめく、かつての民や、莫大《ばくだい》な財産ゆえ立ち去った役人、さ さげたはずのものを隠し取るアナニアとサッピラ、これらのたぐいが、私の中になお残存しているのです。

時とすると、私の中の彼らが、力を合わせて、一気に私を元の世界に引きもどそうとして、かけ声までかけるのが聞こえて、震えます。

どうか、この引力に打ち勝たせてください。後に走り出そうとする衝動を打ち砕いてください。そのためにも、後のものを忘れて前のものに向かう、という使徒パウロの適切な指示を身をもって立証させてください。

10月20日

ご自分を空しくして、しもべの姿をとり……。（ピリピ二・七）

義なる神さま。

御子は富んでおられたのに、私のために貧しくなられました。汚れた飼葉おけの中に来られ、枕する所もなく旅を重ねたあげく、木の上で果て、果てた後も借り物の墓に葬られた御子。それなのに、私は産着《うぶぎ》に包まれ、三度の食事も欠かすことなく、枕を高くしています。もったいないことです。

感謝が足りません。これからの生涯を、感謝の連続で過ごさせてください。そして、感謝は天に行っても、なお尽きることはないはずです。

そして、この感謝とともに、おのれを無にして、人を富ませる貴い模範を実践させていただきます。それによって、感謝が底力を増していくことのできますようお導きください。

10月21日

もう一人には一タラント……。（マタイ二五・一五）

恵みの源であられる神よ。私のまわりには、有力な兄弟や有能な姉妹が多くおられて、そのため、私はどんなに益を受け、励まされていることでしょうか。

けれども、またそれらに比べて、自分の無力さ、無能さ、無益さ、魅力のなさを覚えさせられ、自滅的な気分になってしまうことがあります。

しかし、主よ。あなたは公平な方です。必ずや、私にも、賜物一タラント分はお与えくださっていています。それを確かめさせてください。そして、大きな事をする人々のほかに、その落ち穂拾いや、整理や、連絡や、掃除を務める者がいないとしたら、教会は華やかさと乱雑の同居する所となってしまうことを覚えさせてください。

どうか、私に与えられている賜物を発見し、その賜物にふさわしい奉仕の場をつくり、ささやかなあかしを忠実に務めさせてください。

10月22日

わたしたちと同じように、彼らが一つになるためです。（ヨハネ一七・一一）

唯一の主なる神よ。地上は嫉妬《しっと》と反目の分裂の世の中です。その亀裂は、キリスト教徒と名乗る者らの地盤にも食い込んでいます。

もとより、多様化・多彩化は、神の国の豊かさのしるしであり、あなたの喜びでもあります。手があれば足もあり、指でさえ一本一本特性を発揮します。それは、あなたの創造のみわざの妙なることのしるしです。けれども、世の分裂・亀裂が忍び込んで、手が足に向かって、一つ体に属さないと言い始め、親指が小指に向かって、一つ体に属さないかのように言い始めるのは、悲しいことです。

どうか、多様化の美名のもとに分裂を起こし、多彩化の隠れみのを着て背反を策す心をお責めください。それが、あなたの御目からすれば、どれほど残念な痛恨事《つうこんじ》であるかを今一度思い知らされて、一つになること、いや本来一つであることを自覚させてくださいますように。

10月23日

キリスト・イエスの日……。（ピリピ一・六）

歴史の主にましますまし神さま。

いつも、ゴールを視野にとらえていないと、私は自分がわからなくなってしまいます。どこにいて、何をしているのかがわからず、宙に舞い、何の意義もなくなってしまいます。

どうか、いつも歴史の究極を、しっかりとらえていけますように。そのゴールを目ざすとき、私がどこにおり、何をしているのかが確かめられて、意義も価値も見いだせます。

その日に向かって小手をかざしつつ、一日一日を走り込む距離感と、緊迫感と、幸福感に、充実しますように。

それも、その日の主が、ご自身で私を目がけて、私を抱こうと、向こうから迎えに来たりたもうているということは、もう言い表しがたい感激です。

10月24日

彼の顔は御使いの顔のように見えた。（使徒六・一五）

栄光の主よ。あなたのしもべステパノを葬ろうと、議会のただ中に引き回した迫害者たちの目に、ステパノの顔は天使の顔のように見えたと伝えられています。なんと印象的なことでしょう。崇高に清楚《せいそ》にステパノの顔が浮き上がって見えるようです。あのモーセも不埒《ふらち》な民の前に現れたとき、その顔の肌が光を放っていました（出エジプト三四・三〇、三五）。

悪をなす者、悪魔のわざに手を染める者の目には、神の人、聖霊の宿す者は、さながら天使的存在として映るのでしょうか。主よ、私もそうありたいと願います。

その秘訣は、ステパノがあなたに真正面して、堂々と立証し、モーセも四十日四十夜、あなたと対面して聞き従ったからです。決して、付焼刃《つけやきば》では天使のような輝きは、照り返さないのです。もっともっとあなたと対面し、もっともっとあなたと正面しなければならない私です。

10月25日

静かにして信頼すれば……。（イザヤ三〇・一五）

栄光の主なる神さま。

私は事件に遭えば動転し、理想を掲げればやたらに興奮してしまう浅はかなところがあります。着実さ、沈着さが私には必要です。

出くわした事件に混乱してしまうのでなく、事態を直視して、解決の糸口を見つけ出す冷静さ。見つけた糸口をもって、こんがらかる一つ一つを着々と解きほぐしていく沈着さが増し加えられますように。

また、理想を掲げただけで、もうすっかり興奮してしまうのでなく、一歩一歩足もとから踏みしめていく、平静さこそに恵まれますように。

たとえ、主が再臨されたとしても、静かに耳をすまし、えりもとを正し、足もとを整えたうえで、すずやかにお迎えにあがるといったほどの心根が欲しい私です。あなたにある静かな情熱を請い求めます。

10月26日

さあ、朝の食事をしなさい。（ヨハネ二一・一二）

天にましますバなる神さま。私は、日々の飲み食いのために心を使い、そのため額に汗して懸命に働きます。時には楽しく口笛を吹きながら、また時には苦悶《くもん》の声をあげながら。そして、これらが、やがて天におけるなつかしい思い出となることだと思いながら。

どうか、こうした日々の糧のための戦いの中にも、あなたの恵みを覚えさせてください。ある日、ふと食前の祈りの時に、主のご慈愛が仰がれて、道は貧しいのに、一食も欠かすことなく糧を賜う、あなたの黙々とした御守りの御手を仰いで胸打たれることがあります。

くれぐれも、日常茶飯事の中に、いつものように何気なく、差し伸べられている恵みの御手を見つけて、糧とともにその御愛を味わい、のみ込ませてくださいますように。

10月27日

キリストによって私たちの慰めもあふれているからです。（Ⅱコリント一・五）

いつくしみ深き御父。あなたにあって一切はよきものとなり、あなたの子らは最後にはきっと喜ばさせていただきます。

楽しいこと、うれしいことはもちろん、苦しいこと、悲しいことも、その時は、耐え切れずに涙をしぼり、くちびるをかむとしても、やがてそこにも差し伸べられていた御手を発見し、その御手をたどって、あなたの御顔を仰ぎまつる時、そして御目に光る貴いご同情の涙を見たてまつる時、一切を了解して、私は告白するのです、私はこの苦難に会ったことをよしといたします、と。

苦難に会ったがゆえに、今一度あなたに熱く寄りすがる志を恵まれ、あなたとの一体感を鮮やかにすることができましたし、何よりも、私のために味わわれた主イエス・キリストの十字架の痛みを覚えることができたのです。これ以上の光栄はありません、と。

10月28日

どの石も崩されずに、ほかの石の上に残ることは決してありません。（マタイ二四・二）

正義の神さま。

あなたは、昨日あなたにとって有用であったもの、貴重であったものも、今日それが無用、無価値なものとなれば、これを粉砕するお方であられます。何の惜しげもなく、造られたご自身の手でこれを破壊されます。

あのエルサレム神殿は、あなたの家と称され、あなたは栄光の雲をもって、そこに住まわれました。それはあなたの象徴であり、あなたの礼拝所でした。

けれども、その神殿を完膚《かんぷ》なきまで粉砕したのは、あなたでした。ご自身の意志をもって、ご自身の預言どおりに、一個のまともな石も残らないまでに。昨日あなたに用いられたからといって、安穏《あんのん》としてはいられません。今日も用いられるよう自分を備えなければ。

10月29日

一人は取られ、一人は残されます。（マタイ二四・四〇）

永遠の神さま。地上の秩序、順序が一時的なものであり、仮のものであるということを、キリスト教徒ほどわきまえている者はいないことでしょう。

紫の衣や細布を着て、毎日ぜいたくに遊び暮らしていた金持ちが、来世では地獄の底にあえぎ、その門前で犬になめられていた物乞いが、アブラハムのふところに憩うのです。

この逆転の事実は、私の生き方を強く指導します。もう一つの世界の存在が現在の世界での生き方を、深く、貴重に規制してくれます。人の来世観こそ、人の生き方を高くも低くもするのです。

席を同じくして食事をし、床《とこ》を並べて寝起きし、肩を並べて畑を耕やし、顔を合わせて石臼を引き合いながら、やがての日には天と地に別れる。このことに、今日の生活の知恵を得させてください。

10月30日

あなたの月は陰ることがない。（イザヤ六〇・二〇）

望みのもとなるイエスさま。
地上は靄《もや》でおおわれ、丘も山も霧で隠されます。月星や太陽さえ、雲によってさえぎられます。しかし、私の中のあなただけは、いつもすがすがしく輝いていていただきたく願います。私の中に染み込んでくる、しめっぽい日常生活のけだるさの靄。日々の戦いの谷間からわき上がり、あっという間にふさいでしまう思い煩いの霧。さては、突如襲いくる災難に、見る見る膨張するたけだけしい狂乱の雲。

これらのものをもって、私の中なるあなたを隠してしまいませんように。それらを吹き消し、吹き払い、吹き飛ばして、主イエスが照り輝き、その静かな光が私の目からも、口からも、手からも、足からも放たれて、まわりを照らし出しますように。

10月31日

主よ　いつまでですか。（詩篇一三・一）

いつくしみ深い神よ。宗教改革の英雄も、「主よ。いつまでですか」ということばを、始終発していたと聞きます。外には剣をかざして襲いかかる敵、内には戦線を乱す敵にはさまれて、彼らも苦難・苦悩の生涯を終えていったのでした。

「主よ　いつまでですか」――こんな苦境も一日か二日かと思えば、一年も二年もうち続き、もうそろそろ光明がさすかと思えば、灰色の空はむしろ暗さを増してくる現実。

あの歴史にさんとして輝く宗教改革者も、決して年中ハレルヤ、ハレルヤのメロディーで浮きたっていたのではなかったのでした。彼らは、偉大な芸術作品が苦渋の中から生み出されたように、戦い傷つきつつ、あの大事業を果たしていったのでした。主よ、ここが地上であることを私に銘記させてください。そして、この地上が戦いの場であることも。

11月

11月1日

一粒の麦は、地に落ちて死ななければ……。（ヨハネ一二・二四）

天地の主にましますに神さま。今年もあと二か月となりました。初しぐれに寂しさを思い、初霜に冬を実感してゆくこととなります。北の地方では、すでに炉を開いて寒気に対抗しています。黙々と虚空《こくう》を回転しては、四季を演出していく大地の一角に、私は今日も首《こうべ》をうずめて、あなたの手厚い導きに思いをはせます。一枚二枚と散っていく紅葉の後に残る裸木の姿に、身を引きしめられてゆきます。

そして、もう始まる麦まきのことを思うと、四季休むことを知らない人の営みを貴ぶとともに、あの主イエスのことばが心に浮かびます。「一粒の麦は、地に落ちて死ななければ、一粒のままです。しかし、死ぬなら、豊かな実を結びます」（ヨハネ一二・二四）と。今日のいのち、ここにこうしてあることの裏に、払われた偉大な犠牲の愛を木枯《こがら》しの中に思う、この月であらせてください。

11月2日

天は神の栄光を語り告げ……。（詩篇一九・一）

創造主にまします神さま。ギリシアの哲人ピタゴラスは、天体の奏《かな》でる交響曲を聴いたと言われますが、わが聖書の詩人ダビデは、天体の語り告げるメッセージを聞きました。それも、神の栄光のメッセージでした。

まさに聞く耳ある者は聞くべし、です。天体の音楽、天然の美の調べ、星々の歌声を聴く優雅な耳も欲しいものです。世はサタンの鼻歌のような音楽で毒されていますから。

けれども、その上に天体のメッセージ、日月の説教、星々のあかしを聴く光栄ある耳を欲します。東天に昇る朝日のさっそうとした奨励、中天の太陽の烈々たるメッセージ、雲間にかかる月のやさしい説教、そして恥ずかしそうな星々のあかしの声。

あなたを知ってから、自然は私の友となり、私を教え、私とともに栄光をたたえる仲間となりました。なんともすばらしい世界！

11月3日

自分の兄弟たち、肉による自分の同胞のため……。（ローマ九・三）

いつくしみ深い天の父よ。私は毎日、人と出会います。面と向かって話す人々のほかに、買物の場で肩を並べる人々、同じ電車に乗り合わす人々、道で行きかう人々となると、無数です。私は、その人々と会っては用談だけで事終わり、すれ違っては何のこともないのですが、それでよかったのでしょうか。その人たちに、失礼なことを言ったりしなければ、それで万事よかったのでしょうか。

使徒は、「私には大きな悲しみがあり、私の心には絶えず痛みがあります」（ローマ九・二）と、同胞の霊魂のことを憂えました。そのために自分は捨てられてもよい、とさえ決意しました。私も、今日、面談する相手、今日、見聞きする同胞の滅びゆく霊魂のゆえに、心を痛める聖なる良心の持ち主とならせてください。そのために、いささかなりとも祈りをささげる時を割かせてくださいますように。

11月4日

光と闇に何の交わりがあるでしょう。（Ⅱコリント六・一四）

まことのやみは光を知り、まことの光はやみを知ります。真っ暗やみの中でこそ、遠いかすかな灯火の輝きも認めることができます。日本晴れの光の中でこそ、谷間の暗さ、森の中のやみを意識します。それゆえに、光の天使とやみのサタンこそ、最もあなたを知る者です。始末に悪いのは、明るくもなければ暗くもない人の心です。その心は、やみも光も、はっきり識別することができません。

神を認めることも、悪魔を認めることも不明瞭で、正邪・真偽の判断はおぼつきません。光とやみとの間には、何のつながりもないのに、薄暗がりの中では、神聖さも邪悪さも同じように見え、混雑してどっちつかずになります。

神さま、私をすっきりと光の中に立たせてください。まことに光の子とさせてください。あるいは必要なら、思い切って暗がりの中に突き落とし、まことの光を渇仰《かつごう》させてください。光こそ私の住みか、私のしるしと思い知ることができますように。

11月5日

わたしに何をしてほしいのですか。（ルカ一八・四一）

恵みの源にまします神さま。あなたに接し、あなたに面と向かったとしても、あなたに求むべきものを求めなかったとしたら、何の役にもたたず、むしろ残念至極なこととなります。まことにあなたに求むべきものは何かを、私に考えさせてください。それも、今、この時に求むべきものを、誤つことのありませんよう。冬に扇を、夏に炉を求めるようなナンセンスを演じませんよう。薬だからといって毒を欲しがるような危険を冒しませんよう。

エリコの目の見えない人が、主イエスから問われた時に、「はい一円めぐんでください」と言ったとしたら、千載一遇《せんざいいちぐう》の好機は逸せられ、彼は一生を棒に振ったことでしょう。「目が見えるように」と、彼は見事に主に求むべきものを求めました。そうです。私が、いま求むべきものは何かを正しく知ることができるように、と祈ります。

11月6日

自分自身のように……。（ルカ一〇・二七）

主なるイエスさま。あなたは、自分と同じように隣人を愛せよ、と命ぜられました。ただ隣人を愛せよでなく、自分と同じように、の一言は意味深長です。

あなたはお見通しなのです。私の利己心を。自分と同じようにと言われて、腹にこたえ、面《おもて》を伏せたくなります。

けれども、だからこそ、私のような利己心の者も、穴からはい出て隣人に対することができます。それも、極めて現実的に対処することができるのです。

私が自分のことにばかり熱中せず、さりとて、自分をないがしろにして、かえって逆に隣人に大迷惑をかけてしまう愚行に堕《だ》さないよう、平均のとれた姿勢で生きていくことができるのです。

この原点、支点、転回点となる自分という者を改めて確認して、左右を見回させてください。

11月7日

ひっきりなしにやって来て、私は疲れ果てて……。（ルカ一八・五）

私をとらえたもう主よ。

日々ささげる私の祈りに力あらせてください。食いついたら離さない、たくましさをお与えください。日夜まつわりついて、あなたを悩ませるほどの者であらせてください。

ヤコブは夜明けまで、あなたと格闘し、ついに、もものつがいがはずれたほどでした（創世三二・二四、二五）。あなたは、私が終夜格闘してもよいほど、身近で手ごたえのあるお方だったのです。はれ物にでも触るような、びくびくした遠慮などは無用だったのです。

まるで、他人行儀で、迫力なく、確信のこもらない、風のような祈りに代えて、あなたにいどむような、肉迫的な祈りで突撃させてください。それこそ、もものつがいがはずれるほどの力をこめた格闘者、剛の者に脱皮させてください。

11月8日

十字架につけられたキリストのほかには……。（Ⅰコリント二・二）

贖い主イエスさま。人は私の喜び、私の平安を不思議がり、その秘密を尋ねます。その時、私はあなたの暖かいふところをまぶたに浮かべます。あなたゆえに私は友人を切り、職を失い、地位をけりました。それは、やはり私の悲しみでした。あなたの御名ゆえに、仲間はずれにされ、煙たがられ、嫌われました。それは私を痛めました。

けれども、私の主であられるイエスさま。この道はあなたの歩まれた道であることを思えば、やがて私は光栄にあふれるのです。一夜明ければ、あなたのふところに抱かれて、私は微笑を取りもどします。

イエスさま。あなたが十字架の主であられるということの意味の深さは、いかばかりなことでしょう。十字架の主を見つめさえすれば、いかなる傷も輝き、いかなる悲しみも晴れていく。この秘密を私は知っているのです。

11月9日

能力によらず、わたしの霊によって……。（ゼカリヤ四・六）

いと高き天にましますよ主よ。

私の祈り心はどろ水のようです。低きに低きにと流れ、地をはい、地にもぐり込もうとします。私の祈り心は、上に引き上げられる力を必要とします。川を下るのでなく、川を上って、高きを目ざす力を必要としています。

幸い、全能の救い主は、天におられます。いと高き天の御座にあられます。その救い主の愛の引力が望みです。

どうか、私の心が、あなたの御手の中に素直に引き上げられていけますように。大地に爪を立てて、こうしてください、ああしてくださいとがんばるのでなく、まず、あなたの愛にましますことに安んじて、おまかせしつつ、祈りが高められていきますように。

11月10日

よくやった。良いしもべだ。（ルカ一九・一七）

救いの神よ。今日もあなたのものとして、この世のいのちを許されていることの意味を考えます。

決して無為無策のうちに、この大切な日を空費してしまうことのないよう心がけます。もっと志を高く、もっと見識を大きく、もっと望みを長く、もっと信仰を強く、もっと心をやさしくするための一日であれ、と自分に言い聞かせます。

ただでさえ、あなたの筆舌も及ばないご恩に、お報いするいのちの少ない者です。燃えるようなあなたのご期待に、おこたえするに微力な者です。

とすれば、この一日は大切な日です。時です。一歩でも高く、一寸でも深くと心がけて、この日を生かしてください。一日が終わった時に、手ごたえあったと、感謝させてください。そして、どこからか、「よくやった。良いしもべだ」というお声を聞けましたら！

11月11日

あなたのみことばは　私の足のともしび／私の道の光です。（詩篇一一九・一〇五）

忍耐に富みたもう神さま。毎日、私は聖書を開きます。それがあなたのみことばだからです。永遠のいのちが語られているからです。あなたの聖なる御心が指示されているからです。

けれども、私はそれほどの宝の箱を前にして、どれだけ、宝の宝たるゆえんを知りえていることか、心細いことです。一つ一つのみことばは、見る人が見れば、みな驚嘆すべきダイヤか真珠のように輝いていることでしょう。

神さま。あなたのみことばの宝を見る目を、驚嘆する心を、人に知らせざるをえない感動を、ハレルヤ、ハレルヤ、と賛美する畏敬を、さらにお恵みください。

「あなたのみことばは／私の上あごになんと甘いことでしょう。蜜よりも私の口に甘いのです」（詩篇一一九・一〇三）といった、ムズムズするような味わい方を私が身につけますように。

11月12日

弟子たちは出て行って、いたるところで福音を宣べ伝えた。（マルコ一六・二〇）

全能の神よ。

あなたの福音が速やかに世界に行き渡りますように。いわゆる地の果てと言われている極地で、悪天候と因襲と無知と圧迫に、じっと耐えて、ひたすら祈り、思慮を尽くして行動し、御名を傷つけまいと慎み生活しては、福音を一語ずつ伝えている宣教師たちをお守りください。母国を遠く離れて、寂しさのあまり、眠られぬ夜を過ごすこともありましょう。また、言語や適応の点における自分の無能力に泣くこともあるでしょう。

私のような者が恵みをいただくのは、もったいないと思います。どうか私の分を、南に北に、埋もれていく無名の宣教師の方々におまわしください。そして、やがて来たる栄光の御国では、彼らの労に対して満ちあふれるばかりの報いをお与えくださることを切望します。

11月13日

信仰の……完成者であるイエスから、目を離さないで……。（ヘブル一二・二）

父なる神さま。私は、湿ったたきぎのように、なかなか燃え上がらないかと思えば、油紙のように、ほんのはずみで人を驚かすほど炎を吹き上げるような、気まぐれな古い性質を残しています。

燃えるべき時には、率直に燃え上がって、火急の御用に役立つとともに、いつまでも、いつまでも燃え続けて事を成し終える者としてください。

また、移り気な者には、燃え続け、燃え抜くということが至難です。中途半端で消えうせて、せっかく事をなそうとしていた人を途方に暮れさせてしまいます。

どうか、私があなたに召された職務において堅忍し、最後まで忠実になし果たす者でありますように。一時の感興によって図らずに、永遠の使命に基づいて事を図る者でありますように。そして、必要なら、他の興味によって気を散らさぬよう、私の目におおいをおかけください。

11月14日

寂しいところに出かけて行き、そこで祈っておられた。（マルコ一・三五）

いと高い天におられる神さま。石は重いがゆえに動きません。草木も根深ければ抜けません。しかし、毎日毎日の多事多端のために、私の霊魂は軽く、上調子になります。まるでサルが背広やスーツを着て、駆けずり回るようになります。単なる騒音発生機械、ちりほこりを巻き上げる一本の安ハタキと化します。

動なき静は懦《だ》であり、死ですが、その動も静あっての動でなければなりません。そうでなければ真の動とはなりません。静なき動は躁《そう》でしかありません。

どうか、私に活動のための静寂をお与えください。今日も仕事の山をかきわけ、責任の海をこぎ回りますが、その合間にも、祈る機会をひと時お恵みください。職場の一隅でも、廊下の片隅でも、はたまた電車のつり革にぶら下がりながらでも、あなたと一対一の真剣な交わりを楽しませてください。

11月15日

医者を必要とするのは……。（マルコ二・一七）

恵みの主よ。

あなたは私の主治医です。いつも、あなたの御前に出て、変調はないか、異常はないか、故障は、欠陥は、と検診を受けさせてください。

もしあれば、あなたのご指摘に従って、自重自戒いたします。そして、さらに必要とあれば、あなたに切り取っていただきます。私が、どんなにいやだと言っても、存分に悪い所を切除してください。

その後の痛みがいえれば、きっとあなたに感謝いたします。危うく一命を落とすところだったことを知って、礼拝いたします。

そして、ぜひとも、あなたを隣人に紹介させてください。今日も、偽医者にすがって一層霊魂をおかしくしている、あれこれの同胞を、あなたのみもとに案内して来させてください。

11月16日

伸ばされた腕と大いなるさばきによって贖う。（出エジプト六・六）

主なる神よ。なんとも情けなく、私は磁石の前の鉄片のように他愛もなく悪の呼び声に吸いつけられ、狼に囲まれた犬のようにわれ知らず誘い出されて餌食《えじき》となるような者です。遠くから聞こえて来る歓楽の太鼓のとどろき、ふと耳もとでささやかれる甘いことば、あるいは、まともに吹きつけられる怪しげな芳香は、私を誘惑します。

よくよく考えてみれば、自分のような志の弱い者が、キリスト者として立っていけるはずはないではないか、という不安にもぞもぞとしだすとき、そんな私を守りたもうのは、万軍の主、全能の神ご自身であられるのだ、と信仰告白することの頼もしさを新たにさせてくださいますように。

11月17日

どうか私に耳を閉ざさないでください。私に沈黙しないでください。（詩篇二八・一）

顔のある神さま。そうです。あなたはノッペラボーの神さまではありません。聖詩人は、私に耳を閉じないでください、口をつぐまないでくださいと、あなたの耳を、あなたの口を指さしました。

なんと生き生きと、あなたを実感したことでしょう！　あなたは、ただ漠然とした観念の神でなく、うやむやな概念のかたまりではあられなかったのです。

あなたは聞く耳を持ち、口を開いて語られるのです。それを鮮やかに私も意識して、あなたに接する者でありますように。詩人のように、あなたの耳を求め、あなたの声を求めますように。

あたかも、あなたの耳を引っぱり、声を引き出さなければやまないと肉迫するほどに、人格的にあなたと交わらせてください ますよう。そういう血の通った宗教を、あなたはきっと求めておられるのでしょう。

11月18日

主は　ご自分の羽であなたをおおい……。（詩篇九一・四）

万軍の主なる神さま。

あなたは私の力の岩、頼もしい翼です。今日も雲行きは怪しく、波は次第に高く、岸辺を襲います。

しかし、あなたは海中にそそり立つ岩壁。激浪・荒浪がいかにたたきつけようとも岩壁はびくともせず、そこに巣をいとなむ私は、安心して一日の生活に入れます。

とは言え、その巣をねらって襲撃して来る猛禽《もうきん》もいます。けれども、私はあなたの御翼に隠れます。大きくて軽く、強くて柔かく、広くて密な、あなたの御翼のかげに。

その御翼が、今日も私の頭上にゆったりとやさしく羽ばたいて、私を励ましていてくださいます。ですから、私は力いっぱい働きます。神さま、ありがとうございます。

11月19日

見よ、神が私とあなたの間の証人である。（創世三一・五〇）

真実な主よ。人の世に誤解や中傷はつきものです。私にしても、根も葉もないぬれぎぬや誹謗《ひぼう》の被害者であり、また実は加害者でもあります。何年も知らないうちに誤解されていたことを知って青くなり、無意識のうちに隣人を中傷していることに気がついて、そのまま顔を赤くしてしまうことがあります。

しかし、そうした時、「もし、私の手に不正があるのなら、私のいのちを地に踏みにじらせてください」と、あなたに向かって断言できる自省心と潔白な心とが欲しく思います。

何事にも、ごまかしのきく人の世の評価やさばきではなくて、正確・厳正に事の黒白を審判したもう、あなたを目の前に据える者は幸いです。その幸いを知れば知るほど、天は近くなり、神は慕わしくなるからです。そして、それこそ今日の私に必要なことなのです。ただ、あなたの前に潔白であらせてくださいますように。

11月20日

私を思い出してください。（ルカ二三・四二）

贖い主のイエスさま。私は時として、おのれの分際も忘れて、図々しいほどあなたに近づきながら、時とすると、おのれ自身に神経質となって、あなたから遠ざかろうとします。

特に、罪咎が思い出されて、くさびのように霊魂に食い込むとき、もう耐えられず、神の御前に居られなくなります。それが何十年前の罪の思い出であるかと思えば、つい昨日のふとした咎の後味である場合があります。

しかし、あの十字架上の強盗の兄弟の信頼の念に思い至らせてください。もとより、自分の恐るべく、恥ずかしむべき罪咎を覚えないわけではありませんが、それらをも、おおって余りある、あなたの限りない贖罪の愛の大きさを見誤ってしまうことのありませんように。偉大なるかな、あなたの愛は、と唱えて、身をおまかせする以外にない、このしあわせをほめたたえさせてください。

11月21日

主の声は水の上にあり……。（詩篇二九・三）

愛の源にましますす神さま。今日も私は、一そうの小舟のように人生の航海を続けます。海は広大であり、私の舟はあまりにも小さいのです。主よ、守ってください。

この世の海も、鏡のようになぐかと思えば、逆まくうず潮となります。得手《えて》に帆《ほ》をあげて滑るかと思えば、難船、難破の恐怖にさらされます。

肉親の死、つれあいの死、子どもの死という激浪の直撃。海底から突き上げるような自分自身への重病の宣告。そして、横なぐりに吹きつける事業の失敗、勤め先の倒産の風。そんな海上で、舟ばたにしがみついて、つくづく、舟底一枚下は地獄と震えるのです。

人生の頼りなさ、人生の不確かさ、人生のはかなさに涙をからします。主よ、私が大地と思い込んでいるのは実は海のようなものです。私の舟は小さくあります。お守りください。

11月22日

人には自分の行いがみな純粋に見える。（箴言一六・二）

導き手にましまます主よ。私は御名を口にし、御心だと思い込んでは、知らないまに自分の名誉心におぼれて、我意を押し通すわざに手を染めていることがあります。それも、少なからずあります。

私の目には正しいと見えて、全く間違っていることのなんと多々あることでしょう。そして、その道に、私の目には間違いと見えて、実は完全に正しいことだって多々あるに違いありません。それも、時には、すべての人の目にだめだと映っていながら、神の御目にはよしと映っていることだって、きっとあるに違いありません。

私は御名のために、この生涯を使いたく思います。そのため、何よりも、御心を正確かつ明瞭に見聞きする者であらせてください。その目と耳とを、いつも鋭敏に働かせてくださいますように。

11月23日

あなたの隣人を自分自身のように……。（レビ一九・一八）

私の心の主なる神さま。私の心が私のことだけにかかずらって、隣人を、世界を忘れて過ごすことがないように守ってください。私が地の塩であり、世の光であることをいつも自覚していけますように。塩はおのれを溶かして周囲を味つけ、ともしびはおのれを燃やして周囲を明るくします。

地の塩のくせに、おのれを固めるばかり、世の光のくせに、おのれを温存するばかりでは、何にもならないことを銘記させてください。

私は隣人のための者、世のための者、主イエスのための者、そして神のための者とわきまえて、内に向く目を外に向け、隣人の成功には、たとえそれが自分には何の得にならなくても自分のことのように喜び、隣人の悲しみには、自分に何の被害を及ぼすものでなくとも、わがことのように痛む心を置き忘れることのありませんように。

11月24日

聖なる生きたささげ物として献げなさい。(ローマ一二・一)

聖なる神さま。あなたは約束されたことは約束されたとおり、いや、約束された以上にくださいます。けれども、私ときたら、おささげいたします、と誓ったものを、少しずつ取り込み出します。ネズミのようにコソコソと、時には象のように、おおっぴらにさえ。卑しい根性です。私の中に住むアナニアとサッピラです(使徒五・二)。それでも、アナニアとサッピラは、「なぜ、一部を自分のために取っておいたのか」という糾問の一言に倒れて息が絶えました。それほどの良心を持っていました。それに反して、私はなお図々しく呼吸しています。どうか、神のものを盗む者でありませんように。誓いは誓いとして果たす者でありますように。いや私が私を私の持ち物と別に考えるから間違うのです。私自身があなたへの生けるささげ物だと考えればよかったのです。

11月25日

あなたがたに模範を残された。（Ⅰペテロ二・二一）

主イエス・キリストよ。

私は今日も、あの人この人と、たくさんの人々に会います。中には、何年ぶりかで会えるので心も躍る客人のことを覚えます。

しかし、何よりも、あなたとお会いする切なる願いをもって、一切をお整えください。そこに、交わりの聖《きよ》さがわき、栄光がさし、真実がそびえるからです。

そのためにも、みことばの鏡に映るあなたのお姿を、たくさん心に焼きつけさせてください。

昨日は昨日のお姿ですが、今日は今日のお姿と。それも、喜びの時、悲しみの時、怒りの時、楽しい時と、それぞれの主のお姿をしのんで、学び、今日会うあの人、この人とのやりとりの模範とすることができますように。

11月26日

エルサレム、エルサレム。（マタイ二三・三七）

天の御父よ。キリスト者は天国を慕って、祖国をないがしろにする者、天の都にあこがれて、郷土愛に欠ける者、と言われます。けれども、使徒パウロは「私は、自分の兄弟たち、肉による自分の同胞のためなら、私自身がキリストから引き離されて、のろわれた者となってもよいとさえ思っています」（ローマ九・三）と叫んで、祖国愛を吐露《とろ》しました。

主イエスご自身、「エルサレム、エルサレム」と、滅びゆく都の運命をいたまれました。「わたしは何度、めんどりがひなを翼の下に集めるように、おまえの子らを集めようとしたことか。それなのに、おまえたちはそれを望まなかった」と、悲痛な声さえ発せられました。

ご自身にむちを振り上げ、剣をさしむける都を、かくも惜しまれたのです。私が山の上から村々を、ビルの屋上から町並みを見下ろすとき、主や使徒の心を心として、祈る者であることができましたら。

11月27日

目に見える望みは望みではありません。（ローマ八・二四）

天にまします神さま。あなたは人の知恵をもってしては測りがたく貴く、人の思いを超えて恵み深いお方であられます。

くれぐれも、私をして、知るところよりも頼むところ多く、見るところよりも信ずるところ多くあらしめてください。もうここまでか、と首を振り出す時は、まだまだなのです。もはやこれ以上は、と足踏みし出す時も、いまだし、いまだしなのであって、主は、もっと先まで、もっと深いところまで、手を広げて私を待っていてくださるに違いないのです。

今日も、私の見るかぎり、地平線は限られ、すぐ向こうには断崖《だんがい》が、また沼がひそんでいるように見えます。けれども、「主よ。あなたでしたら、私に命じて、水の上を歩いてあなたのところに行かせてください」（マタイ一四・二八）とあえて呼びかけて、一歩を踏み出させてくださいますように。

11月28日

天の父が完全であるように……。（マタイ五・四八）

主なる神さま。人はおのれの洞穴を掘って、その中に住み込み、あぐらをかいて、物事を考え、行動します。それゆえに、天地は狭く、得手勝手、手前勝手になるのです。どうぞ、私を、このすえた生活のにおいのする穴ぐらから引き出してください。そして他人の立場から自分を見させ、他人の立場から隣人を見させてください。

その時、今まで気づかなかった隣人の不幸、おのれの幸福を知りますし、隣人の必要、おのれの余剰を悟らされます。

どうぞ、しがみつくこの自分の穴ぐらから、私を引きはがして、あなたの光の中に広がる大きな立場に据えて、世界観を新たにしてください。

そして、だれかれの差別なく、日を照らし、雨を降らせる、あなたの不偏不党の完全な愛をあこがれさせてくださいますように。

11月29日

香の煙は、聖徒たちの祈りとともに……。（黙示録八・四）

天にまします神さま。

毎日おささげしている祈りですが、時として、こんな壁に向けての、独り言のような祈りが何になろうか。こんな弱々しく、たどたどしい祈りなど、いと高き天にまで届くはずがあろうか。それに、第一こんな卑しい者の、ごみ箱のような心からわき、汚らわしい舌から発せられるような祈りが、聖なる御耳に達するであろうか、と頭を抱えます。

しかし、こんな祈り、こんなつまらない私の祈りが、天使のたく香によって大切に包まれて、運ばれると知って、あまりなことにことばもありません。

金蒔絵《きんまきえ》の箱に入れられ、錦に包まれて、みもとに配達される私の祈り！　もったいないことです。それほどまで真剣で、神聖で、森厳《しんげん》なあなたへの祈りと知って、心からの祈りをささげさせてくださいますように。

11月30日

月や星を見るに……。（詩篇八・三）

大いなる創造主の神さま。〝この無限なる空間の永遠の沈黙が私を怖れさせる〟（パスカル『パンセ』）とは、宇宙に対した時のだれしもの感慨です。

巨大な宇宙。かすかに見えるアンドロメダ星雲の光は、実に今から数えて九十万年前に、かしこを出発したものであると言います。一秒間に三十九万キロメートルの光の速度をもってして九十万年。

秋ともなり冬ともなれば、夜空を仰いで、つくづく人間の小ささを思い、さえわたる月星の清らかさに、おのれの卑しさを思わされることが多くなるのです。

銀河宇宙には一千億の星が流れ、しかもこの銀河宇宙のような宇宙が、また一千億も虚空《こくう》に浮かぶという。その大宇宙の中のほこりのような地球の上に二本足で立ち、数十年のかげろうのような生命の私。そんな私をあなたは覚えていてくださるのです。手を合わせるばかりです。

12月

12月1日

初めであり終わりである方……。（黙示録二・八）

ご慈愛の神さま。この一年も最終の月に入りました。野山は冬枯れ、大気は冷たく、北風は白く、寒夜の月は青く光って、氷雪は諸方《しょほう》を訪れます。身の引きしまる日々です。

そして、クリスマスがやって来ます。楚々《そそ》たる冬木立がいっせいに指さす星空を仰いで、神が人となって地に来たりたもうた信じがたい福音を、今一度、改めて思い巡らす月です。

あの古代の博士たちが、クリスマスを目ざして、メシアへのささげ物を抱いて旅立った聖なる期待を、私も内にともします。また人々が年の瀬に、目の色変えて飛び回りだす中を、むしろ素朴な羊飼いたちのおももちを宿して、恵みの年を結んでゆけますように。

12月2日

おまえはほんの小さなことにも忠実だったから……。（ルカ一九・一七）

私の牧者であられる主なる神さま。あなたにお仕えする道、そしてあなたの御栄えを現す道は、何も天を驚かし地を動かす大事業とは、決まっていません。くずおれる友にかけるやさしい一言。難儀する老人にそっと差し出す手。迷った兄弟に書き送る一枚の葉書も、あなたの御心を果たす確かなわざです。

大事業、大著述、大集会というたぐいには、えてして、うそ偽りが入りまじり、内実の空疎さが悔やまれるのですが、心を込めた小さなわざは、しっかりと打ち込んだ杭《くい》のように、確かな手ごたえを持ちます。

そして、「この小さい者たちの一人に一杯の冷たい水でも飲ませる人は、決して報いを失うことがありません」（マタイ一〇・四二）と言われた、あなたのこまやかで鋭い御心のほどが強く迫ってきます。私に今日も、小さくとも真実なあかしのわざを励ませてください。

12月3日

わたしがあなたがたを休ませてあげます。（マタイ一一・二八）

ご慈愛深い主よ。肉体の疲れとともに、私は精神的にめいって、あなたを見失います。生活のかせ、世間の冷酷、人の愛のなさなどが、心の芯まで犯して、荒野のおどろのように、私の霊魂は枯れてしまいます。

主よ。私はあなたの御前にひれ伏します。どうか沈黙していないでください。そうでないと、私は淵の中に落ち込んでしまいます。

いやきっと、あなたは私にこたえてくださいます。「さあ、朝の食事をしなさい」（ヨハネ二一・一二）と、私の肉の必要まで配慮して、もてなしの座を作っていてくださいます。

疲れたであろう、つらかったであろうと、手を取って。だからわたしのところに来るのだ。わたししかいない。わたしがあなたの慰め手なのだ。あなたの責任者なのだからと、温かく包んでくださるに違いないのです。おお主よ、神よ。

12月4日

自分のものにならないのは……。（ヤコブ四・二）

いつくしみ深い神さま。私はここのところ引き続いて、あなたに求め続けていることがあります。みことばに照らしても、良心に問うても、人々の最善のためにも、それは正しい求めです。けれども、私はそれをまだ見ていないのです。手に触れていないのです。

それは、私の求めの熱心がたりないからでしょうか。世間体《せけんてい》をはばかり、人に笑われることを恐れて、ためらいがちだからでしょうか。

人よ笑わば笑え、世間よののしらばののしれと、正しいことなら遮二無二《しゃにむに》、奪取するの熱心に欠けているからでしょうか。火花が飛び散るほどに、あなたにぶつかっていく力が欲しいことです。

正しい方向、正しい願い。それだけでは動きません。その上に熱い心、突進する意志が必要です。そのための聖霊の油と火をお注ぎくださいますように。

12月5日

九人はどこにいるのか。（ルカ一七・一七）

救い主イエスさま。

聖日礼拝の一つの意義は、一同そろってあなたに感謝をささげるということです。あなたに恵まれて、喜びに入った者たちが手を取り合って馳《は》せ参じ、肩を並べて御前にひざまずいて感謝をささげることです。

あの十人のツァラアトに冒された者のことが思われます。十人みないやされたのに、感謝に帰って来たのは、そのうちの一人だけでした。痛恨の一事でした。

「九人はどこにいるのか」という、あなたの御声が胸に染みます。どこまでも忘恩の民。どこまでも無礼の民。苦しい時の神だのみに尽きて、手前勝手に恵みを食いちぎっては、知らん顔をし、また苦しくなる時に帰って来る厚顔の民。そうならないよう、毎聖日には、十人が十人とも、みんな帰って来て、ひざを並べて、あなたに感謝をおささげし、あなたをお喜ばせするのです。

12月6日

世界の基《もとい》が据えられる前から……。（エペソ一・四）

永遠なる神さま。

あなたが私にお与えくださった救いは、かりそめの、犬棒式のものでなくて、世界の基が置かれる前からの選びによるという、想像もできない恵みのかしこさにひれ伏します。

巨大な宇宙は回転を始めず、地球はその片鱗《へんりん》だに見られず、ましてや私の肉の一片も形を取っていなかったときに、あなたは私を救いに選んでいてくださったということ。

これは、もう単なる私一個の人間の救いの喜びにとどまらず、あなたの御はかりごとのかしこさ、あなたのご栄光の輝きが、たたえられる出来事です。

どうか、私が私一個の救いの感謝にとどまることなく、あなたの永遠のご経綸《けいりん》の賛美、神の壮大なみわざを頌栄させてくださいますように。

12月7日

今でも、天には私の証人がおられます。（ヨブ一六・一九）

全知なる神さま。いわれのないことを言われたり、根も葉もないことで憎まれたりすることは、たいへんつらいことです。けれども、それは天上ならぬ人の世にはつきものです。それも悪意の人でなく、善意の人から浴びせかけられるとき、痛みは一層耐えがたく食い込みます。時には、生きる望みを失って、亡霊のように何か月も過ごさなければなりません。

けれども、神よ！　私にはあなたがおられます。どんなに懊々《おうおう》として傷の痛みに苦しんでも、本当のことを知っておられるお方がおられる。事の黒白を明確に識別し、有無を厳正に判定されるお方が天におられるということは、最後のとりでです。

それも、たとえこの世で雪辱を許されずに終わったとしても、次の世界で公明正大に事の真相が証明されるという舞台が用意されているということは、なんという希望でしょうか。この二段構えの人生を感謝いたします。

12月8日

自分自身のうちに塩気を保ち……。（マルコ九・五〇）

義にましします神さま。人の罪を見れば、社会環境のせいであるとして、これは罰すべきでなく、むしろあわれむべきであるとし、人の悪を見れば、これは社会風習の無理から生じたことであって、追及すべきでなく、むしろ慰めるべきであるという旗が振られます。そこには、人を責めると、自分も厳しく追及されるし、人気も落ちるというそろばん勘定が働いているものです。こうして、世は傷のなめ合いを演じて、いよいよ腐臭を放っていきます。しかし主イエスは、その地上のご生涯で、二度も宮きよめを敢行されました。ペテロをサタンと叱責されました。虚名無実のいちじくの木を呪われました。

神聖な怒りを、あなたにある義憤を、私にもお与えください。くれぐれも、塩気のない無用の塩となって道に捨てられるような者となりはててしまいませんように。

12月9日

恵みの栄光が、ほめたたえられるため……。（エペソ一・六）

天地の主なる神さま。私はあなたにお会いするまで、自分自身はもちろん、世界も私のものと思い込んでいました。自分の好き勝手にこれを使うべきだ、と。

けれども、あなたとお会いした日から、なんと私が、私のものであって私のものでなく、私の生涯も私のためのものではないということを思い知りました。一大革命でした。

私は私をいのちがけで贖ってくださったお方、血をもって買い取ってくださったお方のものであること、そして私の生涯は、その真の持ち主のご恩のために生きる者であることを知りました。

そして、私の一生は、私の野心を現すためのものという、卑しい小さなものでなくて、大いなる聖なる神の栄光を現すためのものであると知りました。今日もその栄光ある一日を過ごすことができますように。

12月10日

賢明な者はいのちの道を上って行く。（箴言一五・二四）

私の助け主であられる御父よ。

あなたにあるいのちは、なんと広く奥深いことでしょう。生まれたばかりの乳飲み子の時は、信仰の乳を吸って育ちましたが、やがて、ひとり立ちする頃には、強さを必要とし、また知識に飢え渇きました。

成人しては、自制心の必要を覚え、降りかかる予想外の困難の中に立てば、忍耐の賜物を加えられるように祈り、やがて、一通りのことを経験すれば、敬虔がさらにみがかれんことを願います。それも、まわりが見えるようになってくると、隣人愛のこまやかならんことを、と心がけるといった具合です。

ああ、もしも、私がこのいのちに入らなかったとしたら、私はいったいどんな人生を歩んでいたことでしょう。私をとらえてくださった御愛の貴さを礼拝いたします。

12月11日

私は勇敢に戦い抜き……。（Ⅱテモテ四・七）

救いの神さま。

私の中では、新旧の人の戦いが続いています。あなたにおいて生まれた新しい人と、それにびっくりして対抗する古い人との闘争です。

新たに生まれた新しい人は、その勢いも強く、みるみる古い人を主人の座から追い落として、圧倒しました。今や新しい人が私の主人となりました。

けれども、圧迫された古い人も、ようやく目覚めて、頑強に抵抗し始めています。挽回《ばんかい》を図って、あれこれの戦法で攻撃してきます。時には奇襲で、もとの主人の座をかすめることがあります。

どうか、この生涯にわたって私の中で続けられる執拗《しつよう》な戦闘を戦い貫かせてください。古い人は平和を装って長く油断させた後、どっと突撃してくることがあります。最後に勝つ者でありますように。

12月12日

いなくなった一匹を見つけるまで捜し……。（ルカ一五・四）

羊飼いであられる主よ。あなたは、弟子たちを遣わされるとき、これは狼《おおかみ》の中に羊を送り出すようなものだと言われ、胸を痛めてくださいました。

年とともに、そのおことばの一端が身に染みてきます。私が遣わされている所は、決して甘くないこと。まさに狼の出没する所であること。中には羊の皮をかぶった狼がいることも、わかってきました。

それとともに、いやそれ以上に、あなたがどんなに私を思っていてくださるか。それこそ、夜も寝ずに心配してくださっているか。当の私よりも、私の身を案じ、片時も見放さず心を砕いていてくださるかが、わかってきました。

もったいないことです。今日だって、私が難渋するのを見るに見かねて手を伸ばし、助けを求める私の一声を今か今かと待っておられるあなたの熱いお心が実感されるのです。

12月13日

今でも、天には私の証人がおられます。私の保証人が、高い所に。（ヨブ一六・一九）

創造主なる神よ。宇宙の巨大な回転につれて、日は移り月は変わり、朝が来れば夕もくり返される中に、私は暮らしています。小さな小さな私の生命、細々とした私の生活です。主よ、私をお忘れにならないでください。私をお見捨てにならないでください。空の鳥、野のゆりにも御心をかけて、これをいつくしまれ、養われるあなたゆえに、私は信じ、より頼みます。この宇宙の回転の巨大さと、自然の移り変わりの悠大《ゆうだい》さの前に、私の誕生も死も、喜びも悲しみも、そして礼拝も祈りも何の価値があろうかと思われるとき、十字架を通してさし来る光を受けて、いや、私こそこの壮大な天地の創造主に愛されている一個の霊魂なのだと、立ち上がって叫ばせてくださいますように。

12月14日

主はあなたを守る方。（詩篇一二一・五）

全能の神さま。

事があれば、すぐに沸騰し、たぎり立って騒ぐ私の心を抑制してください。あなたの、永遠に冷静で、沈着で、絶対的な御手で、私の熱にうなされやすい頭を冷やし、沈め、静めてくださいますように。

がけの上から足下を洗う風浪を見るとき、私の心も、また海の波のように騒ぎ立ちます。けれども、がけの上から、無言にはるかに広がる大空を仰ぐとき、私の心は広々と、澄み渡ってこそろ瞑黙《めいもく》し、瞑想に導かれます。

この世の風浪に目を奪われ、心も騒ぎ立つ時は、首《こうべ》をあげて上なるあなたを思い、あなたにある輝くような静けさを私のものとすることができますように。

動の中に静を得、静をもって動の中を、と心がけて、この日も人生の小舟をまっすぐ目的の港目がけて走らせてくださいますように。

12月15日

御霊によって生まれた者は……。(ヨハネ三・六)

聖霊なる神さま。私の心にはすきま風が吹き抜けます。大きな空洞が開いているからでしょう。そこを悪魔が占領してしまわないように、あなたが充実してください。

また私の心は冷えています。自分ばかりか、隣人をも凍らせる冷たさがあります。あなたの熱い炎をもって氷を解かし、むしろ燃え上がらせてください。

それに、私の心は、まるで石でも結わえつけたように重いのです。少しも持ち上がりません。あなたの風のような自由をお与えください。岩のようながんこさの代わりに、風のような自由を。そして、私の心は、独り善がりです。自分だけと、腕を組み、かかえ込みます。

どうか、あなたが、一人一人の上に分かれて臨まれたように(使徒二・三)、それこそ自分を粉にしてでも、人々に心を分かつことのできますように。

12月16日

わたしは……剣をもたらすために来ました。（マタイ一〇・三四）

イエスさま。私は不用意にも、こんなはずではなかった、と青くなったり、こんな約束ではなかった、と赤くなったりして、後で恥ずかしくなります。あなたは、はっきり宣言しておられました。私の人生に来たりたもうたのは、平和を与えるためでなく火を投げ込むためだ、と。家族さえ分裂する、と。

今思い出しても、身のふるうような何の隠し立てもない赤裸々なご宣言でした。それなのに、いつしかご利益《りやく》主義者となっている私。あなたに、あめをしゃぶらせていただき、子守歌を聞かせていただくものと勝手に考えている私。

先輩たちは、御名のために辱しめられるに値する者とされたことを喜んで、当時のご利益主義者たちを驚倒させました。喜びならこの喜びを、です。しあわせならこのしあわせを、です。今日をして、かつてのキリスト教の残響音だけにしてしまいませんよう。

12月17日

イエスはパンを取り……、また、杯を取り……。（マルコ一四・二二、二三）

聖霊の神よ。私は意外に忘れっぽく、大事なこと、忘れてならないことを失念して、それに気づかない鈍いところがあります。

四六時中、私を覚えてくださるお方を、それこそ眠ることも、休むこともなく、私のことを気づかってくださるお方を忘れはてて、一日を過ごしてしまう忘恩の民でもあります。

そんな私とご存じゆえに、あなたは聖餐式を定めてくださいました。口の中にパンを突っ込み、のどにぶどう汁を注ぎ込んで、私を覚えなさいと導かれる。その御手ずからの即物的なお導きには、恐縮のほかありません。

私は聖餐式に列して、自分の忘恩のほどをわきまえ、自分の鈍感さを告白し、その代わり、手に手を取っての親しい御教えのほどを賛美し、このようなあなたならでは自分のような者は救われませんと、礼拝させられるのです。

12月18日

人が立てたすべての制度に、主のゆえに従いなさい。（Ⅰペテロ二・一三）

義なる神さま。

今日も世界は一日の営みを始めています。人々はそれぞれの部署について、その職責に当たっています。どうぞ、そのわざを祝福してください。

特に、平和を促進する職務に当たっている人たちを支えてください。現実は甘くないぞとか、理想なんて乳臭い、と毒づかれようと、一秒でも長く、一寸でも広く、平和を押し進めていけますように。

また、正義をつかさどる人たちを聖《きよ》めてください。悪は、あらゆる手段をもって、彼らを籠絡《ろうらく》しようとしていることでしょう。その誘惑を退けて、あくまでも正義のために、その職責を果たさせてください。

彼らの堕落は良心の死であり、国家の死です。その使命に常に目覚めさせて、私に死に、公に生かしてくださいますよう祈ります。

12月19日

聖霊によるのでなければ……。（Ⅰコリント一二・三）

忍耐に富みたもう御霊なる神さま。私が覚えて祈っている求道者の人々を、引き続きお導きくださいい。彼らは、あなたの偉大さをまだ知らないので、顕微鏡や望遠鏡を振り回しては、あなたなど見えない、と申します。

彼らは、あなたの全知をわきまえていないので、その小さなものさしをやりくりしては、わからないと、いらだっています。彼らは、あなたの聖《きよ》さを悟らないので、自分が頭のてっぺんから足の爪先まで罪のかたまりであることに気がつかず、自己を誇っています。また時とすると、彼らはあなたの愛を理解しないために、自分のような者は、もう赦されやしないと身をかたくなにしています。

みんな、かつての私の姿です。そんな私でもあなたに心開かれて、光の世界へ入れられました。どうか、私のような者にお注ぎくださったお恵みを、愛する兄弟姉妹たちに一層増し加えてくださいい。

12月20日

もし今なお人々を喜ばせようとしているのなら……。（ガラテヤ一・一〇）

聖なる主よ。

あなたの御心を行うことをもって満ちたりる幸いな者であらせてください。その結果が私の得となるか、損となるかは問題とせず、ただ御心をなしえたということで生きがいを覚える、聖徒らしい聖徒とならせてください。

また、私はすぐ世間体《せけんてい》に目を奪われ、こうしたら人々はほめてくれるだろうか、ああしたら人々は笑うだろうと、気づかいます。そして、世間の一顰一笑《いっぴんいっしょう》が私の憲法になってしまっていることに気づかされるのです。

人々の賞賛にうつつを抜かし、人々の非難に腰を抜かす、おっかなびっくりの主の兵士などというものはありません。

世論でなく、あなたの御声こそ私の憲法、拍手《はくしゅ》喝采でなく、あなたの微笑こそ私の報酬と思い定めてまいれますように。

12月21日

神の栄光がほめたたえられるため……。（エペソ一・一四）

永遠の神さま。かつて私は自分の虚名をあげるために心を腐らし、虚栄のために憂き身をやつして日々を飾りました。それが、なんとはかなく、身分不相応なものかということに露ほども気がつきませんでした。つくづく裸の王様でした。

そんな私を、あなたはやさしく教育して、それも次第次第に目を開けて、永遠の御名をあげ、聖なる御栄えのために生きるという、まぶしいような世界に引き上げてくださいました。

昔を顧みると、なんと低く、卑しく、むなしいものであったかと、情けなくなります。もしもあのまま生き続けているとしたら、と思うと、恐ろしくなります。

でも今の私には高い視野があります。時間の世界に生きながら、永遠の世界に呼吸します。賛美しても賛美しきれないあなたを礼拝するいのちがあります。御名の栄光が、私を通して現されますように。

12月22日

何を食べようか何を飲もうかと、自分のいのちのことで心配し……。（マタイ六・二五）

神さま。〝本末転倒〟ということがありますが、私にもその危険があります。第一のものを第二に、第二のものを第一にという、まさに自明の理が見えなくなって、さか立ちのピエロを大まじめで演ずる恐れがあります。それも、多事多端の折が危険です。忙しい時にこそ静かに心を落ちつけて祈らせてください。いつもより七倍忙しければ、いつもより七倍祈って、事に当たれますように。

それによって失われる時間は、きっと回復されます。物理的時間は機械的で、伸縮などないはずなのに、不思議と充実して、余りさえ出てくることがあります。あなたの祝福がなければ、夜も寝ずに努めても、結果はかんばしくないのです。祝福があれば、五個のパンも五千人を養って、余りあるのです。

どうか、まず私に何が第一で何が第二であるかを見定めさせてください。いや第一は、神の国とその義とを求めることでした！　これをまず第一に。

12月23日

神の日が来るのを待ち望み……。（Ⅱペテロ三・一二）

あわれみ深い御父よ。私は近視眼的で、目の先三寸で、その日その日を送っては、後で気がつきます。顧みると、まるで自分が夜店の首振り人形のように見えて、恥ずかしくなります。せっかく、永遠の国の市民権を与えられていながら、暦の中であくせくするばかりの愚かさが、悔やまれます。主よ、どうか、今ここにあることが永遠に通じ、今起こっていることが永遠への序曲であることを思わせてください。

今日も、今日の暮らしをし、今日の仕事に従事いたしますが、また永遠の思い、来たるべきお方を仰ぎ望む、神聖なまなざしをお備えください。

マッチ箱やコップの中の生活から、広々とした高い天国の市民としての世界に呼吸させてください。

12月24日

あなたの全身が明るくて何の暗い部分もないなら……。（ルカ一一・三六）

慈愛の御父よ。古代の冬の夜はどれほど暗かったことでしょう。それゆえに、古代のともしびはどんなに輝いたことでしょう。今日の夜は、昼をあざむく照明をほしいままにして、光そのものを見失っています。

御目には、むしろ今の世のほうが暗く映っているのではありませんか。その人工的、人造的な光の氾濫《はんらん》の中で、あなたからともされた一本の信仰の明かりを掲げる者は、一層、御目に美しく愛《め》でられていることを信じます。

そして、真昼の暗黒に気づいた具眼《ぐがん》の士《し》は、この温かい真実な親しい明かりを求めて来ることも。

この世が巨大な照明灯を打ち立てて、人々の目をいよいよ見えなくしているとき、私は温かいちょうちんとなります。内にともした真実の光が、私を通して外にあふれますように。それも赤い十字架の印が人を招きますように。

12月25日

人の子は、失われた者を捜して救うために来た……。（ルカ一九・一〇）

主イエスさま。いつもクリスマスに思わされるのは、あなたのご降誕があまりにも素寒貧《すかんぴん》の中のそれであったということです。

救い主の神ともあろうお方が、夢のように清楚《せいそ》で美しい聖なる馬舎ではなく、人間にこきつかわれた牛や馬が大きな黒い口でゆっくりと食べる、まぐさをかきまぜておく汚くて臭い、世界中で最も不潔な場所に降誕されたのでした。

本当のクリスマスは、キンキラキンに飾りつけられたクリスマス・ツリーの下で迎えられるより、その飾りつけやろうそくを、一個いくらの手間賃で夜なべ仕事をした、やつれた目と、ささくれた手の持ち主たちのものであるのではないかと思うのです。

主よ、このクリスマスに、あなたが愛しておられる人々へと、私の心を向けさせてくださいますよう。

12月26日

助け主、すなわち、父がわたしの名によってお遣わしになる聖霊……。（ヨハネ一四・二六）

恵み深い主よ。私はいつも御霊に飢え渇きます。助け主であられ、慰め主であられる御霊なくして、私の心は干上がった池か、ひび割れの荒れ地のようになってしまいます。

どうぞ、御霊の雨が私の心の池を潤し、心の大地を生き返らせてくださいますように。荒れ地にはびこる、殺伐《さつばつ》とした〝いばら〟の代わりに、緑をつねにしげらせる〝もみ〟の木を生やし、見るも恐ろしい〝おどろ〟のやぶの代わりに、花も葉もかぐわしい香りを放つ〝ミルトスの林〟となりますように。

そのためには、両手にぶら下げたバケツの水では足りません。天来の慈雨が必要です。水道の渇水でなく、霊魂の渇水を覚えて、私も、エリヤのように山上に七たび首をうずめて御霊の降雨を求め、海から上るその雨雲を望みますように。

12月27日

あなたがたが切り出された岩……。（イザヤ五一・一）

私の救いの神さま。もし、あなたにお会いしなかったら、いや、もしあなたが私にお会いくださらなかったら、と思うと、震えてあなたの救いを握りしめます。

あのかつての暗やみの深さ、泥沼の深さ、洞穴の深さ、絶望の深さ、憂愁の深さは、思うだに恐ろしいものです。その時、何も知らずに生きていたかと思うと、また震えて来ます。

生半可《なまはんか》に過去を回想するから、それがなつかしく思われたり、楽しかったように見えるのです。けれども、本当に、真正面から見つめたら、それはどうにもならない暗黒の世界です。

どうぞ、私が輝かしい天国に目をあげて待ち望むとともに、過去の怒りの子時代の悲惨を顧みることによって、霊魂を引きしめ、一層真剣にこの道一筋と歩み出しますように。

12月28日

神よ　御前には静けさがあり……。（詩篇六五・一）

神よ。「御前には静けさがあり」という詩人の歌い出しは、一読、心洗われる名句です。口ずさんで、静かな光に輝くあなたの世界にあるがごとくです。

いつも、この心境を絶やすことのありませんように。高笑い、歯ぎしり、わめき、うめき、叫びの騒音の世に身を置くとしても、この高く、静かな神の御前に、本来の自分を取りもどすことを忘れませんように。

あの襲いかかる迫害者の牙の下で、聖なる御座にましますイエスを仰いだステパノ。暴風の海に翻弄《ほんろう》されながら、ひとり天使の声を聞いたパウロ。怒濤《どとう》打ち寄せる孤島パトモスに、ひとり主日を守りながら、暗黒時代のただ中で天の情景を仰ぎ見たヨハネ。

私も今、世の荒波にもまれながら、聖なる御前にはべるすがすがしさを保ち続けますように。

12月29日

それを完成させてくださると、私は確信しています。（ピリピ一・六）

全能の主よ。

あなたは最初であられ、最後であられます。始められたことは必ず成し遂げられます。あなたの工房には、やりかけの作品はありません。

そのことが私の支えです。望みです。私はあきっぽくて、倦《う》み疲れやすい者。その日その日の気温や湿度の上下によってさえ、哲学を変えてしまう浅薄さを引きずっています。私の中にはエサウがいて、一杯の煮物のために長子の権利を投げ飛ばす衝動にかられます。

アルファであられオメガであられる神さま。私が目前の空腹のために、永遠の特権を二束三文《にそくさんもん》で売り飛ばしてしまうことのありませんように。私の中で始められたあなたのみわざを全うしてくださいますように。いや、あなたは必ず完成させなければやまないお方であることを信じて祈ります。

12月30日

義の太陽が昇る。その翼に癒やしがある。（マラキ四・二）

歴史の主よ。あなたが旧約最後の預言者としてお立てになったマラキも、義に燃えさかるとともに、祝福に震える預言者でした。「見よ、その日が来る。かまどのように燃えながら。その日、すべて高ぶる者、すべて悪を行う者は藁《わら》となる。迫り来るその日は彼らを焼き尽くし、根も枝も残さない。……しかしあなたがた、わたしの名を恐れる者には、義の太陽が昇る。その翼に癒やしがある。あなたがたは外に出て、牛舎の子牛のように跳ね回る」（マラキ四・一、二）、と。

こうして、旧約は閉じられ、新約の夜明けが待たれたのです。そうです。主イエス・キリストは義の太陽と呼ばれて、その日の出を望まれたのです。

今、私もこの一年を終わろうとして、山なす自分の罪を数えては、あなたの審判を恐れます。けれども、主よ。私はあなたにおすがりするゆえに、やがて義の太陽であられるあなたとお会いすることを喜べます。ああ、その日はどんなでしょう！

12月31日

ここまで主が私たちを助けてくださった……。（Ⅰサムエル七・一二）

アルファであられ、オメガであられる主よ。つい先日、明けたばかりと思っていたこの年を、もう閉じることとなりました。広大なご恩に報いるには、あまりにも小さなご奉仕しかできなかったことが胸にこたえます。

しかし、たよりない私であればあるほど、このような者を、ここまで捨てず、守り、導き、今も祈らせてくださっているあなたの真実、まさに無比なあなたの真実をあかしすることができます。そして、粛々《しゅくしゅく》たる大オリオンが中天にかかる冬の夜空を仰いで、この大宇宙をつくりたもうたお方が、私を覚えていてくださることの不思議さともったいなさとに手を合わせます。

私は今年も、エベン・エゼルの石を積み重ねます。ここまで主が私を助けてくださったと告白して、礼拝いたします。そして、私とともに歩み、私を支え、励ましてくれた天使たちと友人たちに心から感謝いたします。ありがとう、アーメン。

解　説——祈りの対話から生まれた、稀有な「祈りの書」

数多くある祈りの書から「一冊を挙げよ」と言われたら、迷わず選ぶのが『きょうの祈り』です。初版は一九七七年。私の手許にあるのは一九八三年発行の第五刷ですが、以後十二刷まで出され、二〇〇五年には改訂新版が出されたほどの「古典」ですから、この度、「ニュークラシック・シリーズ」に収められるのも頷けます。とかく絶版になるのが早いキリスト教書の中で、本書が三度もかたちを変えて登場することを心から喜ぶものです。

原著者であるフレデリック・ブロザートン・マイアー（一八四七～一九二九年）は、英国ロンドンに生まれ、米国の大衆伝道者ドワイト・L・ムーディー（一八三七～一八九九年）から大きな影響を受けて、当時の教会に大きな霊的感化を与えた伝道者として知られています。その生涯で約一万六千回以上の説教を語り、著書も四十冊以上を数えます。これらの中から旧約聖書の人物シリーズや『日々のみことば』全三巻、詩篇二三篇講解など数多くの書物が、いのちのことば社から湖浜馨師、瀬尾要造師、中村寿夫師らによって翻訳され長く読み継がれてきました。その読書を通して信仰の養いを受けてきた方も多いことでしょう。ちなみにマイアーの訳書は『祝福の生涯』(基督教書類会社、一八九六年〈明治二九年〉)、『神に帰順して一度先ひし歓喜を得よ』(一八九八年〈明治三一年〉)、『日々の生活に必要なる七の規則』(同上)とすでに明治の頃から出版されています。

前記の訳書とともに「F・B・マイアー原著/小畑進編著」で出された書物が二冊あります。一冊は一九七〇年発行の『きょうの力』(原著 *Our Daily Homily* 一八九八年)、もう一冊が本書、『きょうの祈り』(原著 *Daily Prayers* 一九一三年)です。この二冊でのF・B・マイアーと小畑進先生の関係が独特です。両書とも「小畑進訳」ではなく、「小畑進編著」と表記される。つまり原著の単なる「翻訳」ではないのです。では小畑進「編著」の意味するところは何か。

『きょうの力』の「はしがき」では「当初から、日本人のために、という希望をもって、HOMILYの著者には最大の敬意を表しつつも、想を全面的に改め、できる限り聖書の筋を摘要して、表題聖句そのものを変更したり、日々の愛読にたえるよう、リズミカルな流れとともに気合いのこもった文章を、と腐心いたしました」(同書三頁)とあり、本書についても「マイアーの本を訳すだけにしたら、と思いましたが、それがA六判六十四頁の、まことに簡単きわまるものので、なにしろ一日分が三、四行から多くて七、八行のゆえか、いささか紋切り型の祈禱文なのです。そこで、一日分を記す前に、マイアーの祈りを読んで霊魂をととのえさせていただき、しかるのち自由に祈り心の翼をのべて、原稿用紙一枚ずつにまとめてみることにしました」(初版四頁)

と記されます。

ちなみに「はしがき」の末尾には「なお、マイアーの邦訳があるのを知ったのは、作業も九分九厘終わりかけていた頃でした。辻村三郎訳『我が日毎の祈禱』（昭和十年・新生堂刊）です。念のため付記させていただきます」（同六頁）とあったので、今回、辻村三郎訳を入手して原著と小畑編著版と比べてみたところ、辻村訳は原著にほぼ忠実な翻訳、小畑先生のものは文章はまったくの別物、しかしそこに流れる信仰のエトスは共通している、そんな印象を受けました。なお辻村三郎訳は格調高い文語体で、非常に味わい深いものでした。

小畑進先生（一九二八〜二〇〇九年）は日本基督長老教会（現・日本長老教会）の草創期からの牧師であり、今の東京基督教大学の前身校の一つであった東京基督神学校時代からの神学教師であり、日本の福音派を代表する名説教者であり、その人格に触れて何かしらの影響を受けない人はいないのではないかと思うほどの強烈な個性をもった稀有な存在でした。とりわけ小畑先生の「祈り」から強く影響を受けた人は多く（私もその一人と自負しています）、それゆえか本書を読んでいると小畑先生の少ししゃがれた、そして気合いのこもった祈りの声が聞こえてくるのです。

このような次第で、本書は小畑進先生がマイアーと祈りの中で対話しつつ、その祈りを媒介として書き下ろされた「小畑進先生による祈りの書」と言えるでしょう。最後にその特徴的な表現を三点ほど挙げておきます。

第一に、「きょう」の日の固有な尊さの季節感溢れる表現です。「いつくしみ深い主よ。行く手もかすむこの年の門出にあたって、ささやかな私の山路・潮路の朝夕を、あなたがともに進んでくださるよう祈ります」(1月1日)。「若葉もえる五月のいのちを抱いて御前にぬかずきます」(5月1日)。「爽涼《そうりょう》の九月です。秋草は咲き乱れ、夜空は銀盆のような月をかかげ、草間では虫が演奏会を開き始めます」(9月1日)。

第二に、人の罪の闇に対する深い洞察の表現です。「聖なる神よ。私には隙があります。隙だらけです。……最も危ないのは、金銭面と情欲面の隙です」(1月22日)、「救い主イエスさま。あなたが最もきらわれる一つは、偽善でした。偽善は人間につきものの重病です。人間独特のいやみです。人間固有の臭味です」(4月29日)。

そして第三に、神の主権と栄光への賛美、頌栄の豊かな表現です。「私一身にとって最良の一年である以上に、あなたのご栄光に最善の一年となりえますように」(1月1日)、「この心臓の一打ち、脈拍の一鼓動、この一呼吸すべてが、あなたの主権のうちに許されていることを覚えるとき、これも主が何とかして私の救いを成就させ、ご自身のご栄光を現させるためのものだと自覚させられて、身も引きしまります」(8月8日)、「私の一生は、私の野心を現すためのものという、卑しい小さなものでなくて、大いなる聖なる神の栄光を現すためのものであると知りました。今日もその栄光ある一日を過ごすことができますように」（12月9日）。

小畑先生お薦めのように、朝に『きょうの祈り』、晩に『きょうの力』を用い、祈りとみことばによって導かれる地道な信仰の旅路を「しっかり草鞋《わらじ》のひもを結び、信仰の杖一本で……あなたを無二の道づれとして」（1月5日）、歩ませていただけたらと願います。

二〇二四年八月、平和を覚える月に

日本同盟基督教団　市原平安教会 牧師　朝岡 勝

＊本書は、2005年に刊行された『きょうの祈り』〈改訂新版〉の聖句を『聖書 新改訳2017』に変更し、新たに解説を加えたものです。

小畑進（おばた・すすむ）

1928年、東京に生まれる。

1949年、早稲田大学政治経済学部政治学科中退。

1952年、東京基督神学校卒業。

1970年、大正大学仏教学部仏教学科卒業。

1980年、早稲田大学大学院（東洋哲学）修士課程修了。

1956年、四日市教会牧師として日本基督長老教会の設立に関わる。

以来2009年まで、杉並教会、池戸キリスト教会牧師を務める。

1953年より東京基督神学校教授として神学諸科目、東洋思想などを教える。

神学校合同と東京基督教大学設立に尽力し、同大学および関西聖書神学校、四国学院大学、西日本宣教学院などでも教鞭をとる。

2009年11月26日召天（81歳）。

著書に『コリント人への手紙第一 提唱』、『エペソ人への手紙』『新聖書注解』、『キリスト教慶弔学事典〈婚・葬〉〈冠・祭〉』、『創世記講録』、『ヨブ記講録』、『詩篇講録』、『ピレモンへの手紙講録』、『小畑進著作集』〈全10巻〉以上いのちのことば社、『切支丹探偵阿部真造―ある転びの軌跡』新地書房、『クリスマスの物語』講談社など。

きょうの祈り

1977年11月15日　初版発行
2005年3月1日　改訂新版発行

ニュークラシック・シリーズ
2024年11月1日　発行

原 著 者　F・B・マイアー
編 著 者　小畑進
印　刷　日本ハイコム株式会社
発　行　いのちのことば社

〒164-0001 東京都中野区中野2-1-5
TEL03-5341-6923／FAX03-5341-6925
e-mail:support@wlpm.or.jp
http://www.wlpm.or.jp

ISBN 978-4-264-04519-9

ニュークラシック・シリーズの刊行にあたって

いのちのことば社は創立以来今日まで、人々を信仰の決心に導くための書籍、信仰の養いに役立つ書籍の出版を続けてきました。このたび創立七十周年を迎えるにあたり、過去に出版された書籍の中から、「古典」と目されるものや、将来的に「古典」となると思われるものを、読者の皆様のご意見を参考にしながら厳選し、シリーズ化して順次刊行することにいたしました。聖句は原則として「聖書 新改訳２０１７」に差し替え、本文も必要に応じて修正します。

今の時代の人々に読んでいただきたい、今後も読み継がれていってほしいとの願いを込めて、珠玉のメッセージをお届けします。

二〇二〇年